BERND NISSEN
UTA ZEITZSCHEL (Hrsg.)

Queer(es) Denken
in der Psychoanalyse

JAHRBUCH DER PSYCHOANALYSE

Herausgeber
Bernd Nissen
Uta Zeitzschel

Mitherausgeber
Hermann Beland, Angelika Ebrecht-Laermann, Friedrich-Wilhelm Eickhoff, Claudia Frank, Lilli Gast, Ilse Grubrich-Simitis, Ludger M. Hermanns, Helmut Hinz, Albrecht Kuchenbuch, Elfriede Löchel, Johannes Picht, Gerhard Schneider, Claudia Thußbas

Beirat
Jorge Ahumada, Tatjana Alavidze, Wolfgang Berner, Giuseppe Civitarese, Henrik Enckell, Terttu Eskelinen de Folch, Egle Laufer, Howard Levine, Patrick Miller, Carine Minne, Ursula Ostendorf, Peter Wegner, Rob Wille, Léon Wurmser

Beiheft 28

Bernd Nissen
Uta Zeitzschel (Hrsg.)

QUEER(ES) DENKEN
IN DER PSYCHOANALYSE

Eine Kontroverse zu G. Hansbury:
Das maskuline Vaginale –
An der Grenze zu Transgender

frommann-holzboog

*Gedruckt mit freundlicher Unterstützung
der Hamburger Stiftung zur Förderung
von Wissenschaft und Kultur*

*Bibliografische Information
der Deutschen Nationalbibliothek*

Die Deutsche Nationalbibliothek verzeichnet
diese Publikation in der Deutschen National-
bibliografie; detaillierte bibliografische Daten
sind im Internet über <http://dnb.dnb.de> abrufbar

ISBN 978-3-7728-2884-3
eISBN 978-3-7728-3333-5

© frommann-holzboog Verlag e. K. · Eckhart Holzboog
Stuttgart-Bad Cannstatt 2019
www.frommann-holzboog.de
Satz: JVR Creative India, Panchkula
Gesamtherstellung: Druckerei Laupp & Göbel,
Gomaringen

Inhalt

7 Vorwort

TEXT

15 *Griffin Hansbury*
Das maskuline Vaginale und seine Verkörperung
bei queeren Männern an der Grenze zu Transgender

KOMMENTARE

49 *Leticia Glocer Fiorini*
Das maskuline Vaginale – Jenseits der Dichotomie
›männlich/weiblich‹

57 *Dana Amir*
Über die ›Transgender Edge‹ und das Versagen
der Psychoanalyse, ›Trans‹ zu denken

63 *Howard B. Levine*
Nachdenken über Gender –
Politik, Polemik und psychische Realität

73 *Franco De Masi*
    Psychoanalytiker sein oder nicht sein –
    Einige Überlegungen zu Griffin Hansbury

83 *Bernd Nissen*
    Wenn queer quer wird – Psychoanalytisches Verstehen
    und Konzeptualisieren in queeren Dynamiken

99 Sachregister

Vorwort

Die Welt befindet sich im Umbruch – und dieser Umbruch vollzieht sich in einer Geschwindigkeit, wie sie die Welt noch nie gesehen hat: Globalisierung, Migrationsbewegungen, neuer Feudalismus, IT, Kontrolle mit Daten, Daten als neue Währung, Klimaveränderungen, Verlust traditioneller Strukturen, massive soziale, familiäre, berufliche Umwälzungen, neue medizinische Möglichkeiten usw. usf. Alles steht zur Disposition, verändert sich. In solchen Phasen der Überforderung zeigen sich, wenig überraschend, Spaltungen, die alle individuellen, gesellschaftlichen, nationalen und globalen Dimensionen umfassen.

Die Psychoanalyse, seit jeher in einer entschleunigten Zeit operierend, könnte viel beitragen zum Verständnis dieser sich laufend beschleunigenden Entwicklungen, droht aber von der Geschwindigkeit, mit der sich die Entwicklungen fast selbst zu überholen scheinen, weggerissen zu werden. Gebrannt durch ihr Versagen in der Frage der Homosexualität sucht sie über Arbeitsgruppen, Foren etc. Anschluss zu halten. Doch von vielen Umbrüchen ist die Psychoanalyse unmittelbar berührt, viele Themen und Veränderungen strahlen bis ins Zentrum des analytischen Denkens. Um einige aus dem unmittelbaren Objektbeziehungskontext zu nennen:

- Neue familiäre Strukturen: neben der traditionellen Familie Alleinerziehende, Patchworkfamilien, Regenbogenfamilien usw.

- Vielfältige Beziehungsformen: heterosexuelle Paare, homosexuelle Paare, Trans-Paare, queere Beziehungen, offene Beziehungen, Polyamorie, Polyfidelity, paraphile Beziehungsformen usw.
- Verzicht auf jegliche Form von Paarbeziehung
- Diverse Zeugungsmöglichkeiten wie Samen- und oder Eizellenspende, Leihmutterschaft, Geburt jenseits der Menopause, Gebärmutterverpflanzung etc.
- Erweiterte Formen der Sexualität: hetero- und homosexuell, queer, virtuell, künstlich (Roboter) usw.; gruppensexuelles Erleben (Clubs, Darkrooms, Swinger-Clubs etc.); Enttabuisierung sexueller Praktiken u. v. a. m.
- Selbstbestimmung des Genders und Selbstdefinition der Identität
- Medizinische Möglichkeiten der Schaffung neuer Geschlechterphänotypien (z. B. Mann mit Vagina, Frau mit Brüsten und Penis)
- Neue Formen des kindlichen Daseins: neben Vater und Mutter als Erzeuger ›Spenderkind‹ mit bekannten Erzeugern, ›Spenderkind‹ mit nur einem bekannten Erzeuger, Erzeuger unbekannt, Elter 1 und Elter 2, Warm- oder Kaltspende usw.
- Genveränderungen an Chromosomen und genetisch designte Kinder

Diese fast grenzenlos erscheinenden ›Gestaltungsmöglichkeiten‹ werfen gesellschaftliche, soziale, medizinische, ethische und psychische Fragen auf, deren Diskussionsforen den Entwicklungen fast immer hinterherlaufen. Wie so häufig wird das Ausmaß der Implikationen erst nachträglich erkennbar (z. B. was bedeutet es, dass Spenderkinder, so eine Vermutung, durchweg intelligenter sind?).

Die Entwicklung, sie mag gutgeheißen werden oder nicht, ist nicht mehr aufzuhalten. Zu fragen ist eher, ob und wie sie gesellschaftlich diskutiert und konsentiert verlaufen kann.

Die Psychoanalyse ist fundamental herausgefordert. Jeder der oben aufgeführten Punkte führt zu konzeptionellen, theoretischen, metapsychologischen und behandlungstechnischen Fragen. Fast jede*r Psychoanalytiker*in ist in der täglichen, klinisch-praktischen Arbeit mit solchen Fragen konfrontiert und herausgefordert. Um das Ausmaß dieser Herausforderung deutlich zu machen, einige willkürlich ausgewählte klinische, aber reale Situationen:

- Ein*e Patient*in will nur mit ihrem gewählten geschlechtsneutralen Vornamen angesprochen werden. Das klingt harmlos, doch behandlungsatmosphärisch und -technisch ergeben sich Veränderungen, die *ad hoc* nicht zu überschauen sind.
- Ein Analytiker berichtet, dass ein männlicher Patient sich so schminkt und kleidet, dass der Behandler in eine verwirrende, körperlich spürbare Spannung kommt, nicht zu wissen, ob er Mann oder Frau ist. Ist das ein Fall von Gegenübertragung i. e. S. und / oder wird hier eine frühe Objektbeziehungsstörung inszeniert (s. z. B. Bollas Hysterietheorie [2000])?
- Ein Kind berichtet in einer Therapie, dass seine Mutter beschlossen hat, Mann zu sein, und verlangt (von einem Tag auf den anderen), mit ›Papa‹ angesprochen zu werden. Was heißt das für die kinderanalytische Behandlung, was für die Gespräche mit dem Primärobjekt?
- In einer Psychoanalyse stellt sich heraus, dass der Patient ein Transmann ohne operative Genitalveränderung ist. Liegt ein Vertrauensbruch vor, hätte der Patient diese Tatsache in den Vorgesprächen erwähnen müssen? Ist sein Einwand, dass sofort diese Tatsache ins Zentrum jeglicher Aufmerksamkeit gerückt wäre, nicht berechtigt? Hat er nicht das Recht, dass ihm einfach als Mensch begegnet wird?
- Eine Patientin, die eine Hormontherapie abgeschlossen hat, meldet sich zur Psychoanalyse mit dem Hinweis an, dass sie keine geschlechtsangleichende Operation plane. In der 20. Sitzung stellt sich heraus, dass ein Operationstermin in drei Monaten angesetzt sei (s. Warneke 2020). Wie ist mit einer solchen Situation umzugehen? Wie den analytischen Rahmen halten, wie die unmögliche Situation auf-

heben? Greifen metakommunikative Deutungen überhaupt? Wenn ja, schaffen sie wirklich einen Raum zum Nachdenken? Und was heißt Nachdenken in diesem extrem komplexen Feld, in dem Psychisches psychogenetisch vielleicht noch nicht war und in der Gegenwart noch nicht ist?

Wir könnten die Liste mit unzähligen Beispielen fortsetzen. Aber es zeigt sich schon in dieser kleinen Auswahl, wie herausfordernd die Dynamiken und die Übertragungen werden können. Diese Herausforderung kann zur Überforderung werden, sodass die analytische Offenheit durch vertraute Konzepte verengt wird, die schnell rigide, letztlich unanalytisch werden können. Die Psychoanalyse muss aber behandlungstechnisch und theoretisch diesen Fragen Raum geben, um den Patient*innen begegnen zu können und Kolleg*innen nicht in Überforderung allein zu lassen.

Konzeptionell-theoretisch reichen die Implikationen bis ins grundlagentheoretische Zentrum der Analyse. Zwei Beispiele: Die Psychoanalyse hat zwar nie (auch wenn es immer anders behauptet wird, aber damit wird es auch nicht wahrer) männlich/weiblich binär verstanden. Schon Freud schreibt, dass »Männlichkeit und Weiblichkeit theoretische Konstruktionen bleiben mit ungesichertem Inhalt«. (Freud 1925j, 30) Aber reicht ein multiples, bipolares Modell noch aus, um die Veränderungen zu erfassen? War es überhaupt stimmig? Ist männlich/weiblich eine reine Konstruktion oder doch in somatischer Wirklichkeit gründend?

Steht der Ödipuskomplex, von Laplanche und Pontalis (1972, 351) als »organisierte Gesamtheit von Liebes- und feindseligen Wünschen, die das Kind seinen Eltern gegenüber empfindet«, aufgefasst, zur Disposition? Die Psychoanalyse hat immer darauf bestanden, dass der Ödipuskomplex überkulturelle Allgemeingültigkeit besitzt, also nicht nur dort, wo traditionelle familiäre Strukturen bestehen. Doch lassen die neuen familiären Strukturen, die Veränderungen in Begehren, Gender und Geschlecht usw. eine solche Definition noch zu? Muss der Ödipuskomplex entsexualisiert werden und nur noch als Nukleus komplexer Beziehungsformen gelten (z.B. Akzeptanz des Ausschlusses aus einer Beziehung, sodass der Einschluss sichergestellt ist)?

Dieser Band ist ein Versuch, auf diese Herausforderung einzugehen. Wir haben uns entschieden, eine Arbeit von Griffin Hansbury, die 2015 mit dem *American Psychoanalytic Association's Ralph Roughton Award* ausgezeichnet wurde und die 2017 im *JAPA* erschienen ist, von fünf Psychoanalytikerinnen und Psychoanalytikern diskutieren zu lassen.

Hansbury, niedergelassener Psychoanalytiker in New York, bezeichnet sich selbst als »queerer Transgender-Psychoanalytiker« (16). Er geht nicht offensiv mit dieser Tatsache um, verheimlicht sie aber nicht, wenn darauf die Sprache kommt. Diese Tatsache ist zudem für alle Patient*innen leicht über das Internet in Erfahrung zu bringen.

Seine Arbeit *Das maskuline Vaginale und seine Verkörperung bei queeren Männern an der Grenze zu Transgender* erscheint uns interessant, da sie sprachlich, konzeptionell und behandlungstechnisch provokant ist und genau die Dimensionen thematisiert, die die Psychoanalyse in den Blick bekommen muss, vor allem in Deutschland.

Er glättet die Sprache nicht, mit der sein Patient Kevin und er zusammen reden, es ist von ›Fotze‹, ›Schwanz‹ usw. die Rede. Es ist die Sprache des erregten Erlebens, aber auch eine, die Gefahr läuft, in eine gemeinsame Erregung zu verfallen.

Seine Konzeptualisierung des Vaginalen ist ein Versuch, ein Erleben, das allen zugänglich ist, in das psychoanalytische Denken zu integrieren. Das Vaginale wird als Pendant zum Phallischen begriffen, das sich vom ausschließlich Weiblichen ablöst und von »Menschen jedes Genders und Geschlechts zu erlangen« (15) ist.

Er diskutiert vor allem einen Fall, Kevin, ein schwuler Cisgender-Mann, der sich während der Behandlung mit HIV infiziert und sich immer größere Gegenstände in den Anus einführt, in dessen Zentrum seine ›Fotze‹ verborgen ist, um die seine Mutter ihn beneidet – so die

Deutungslinie von Hansbury. Es werden aber auch andere Beispiele gebracht, so Buck Angel, ein muskulöser Mann mit Tätowierungen und Bart. Er ist ein männlicher Trans-Pornostar, »der seine Vagina behalten hat und sich ›Der Mann mit der Muschi‹ nennt« (28). An ihm zeigt Hansbury diverse Perspektiven des Transseins auf. Alle Beispiele, die Hansbury diskutiert, werfen fundamentale behandlungstechnische Fragen auf, die mit seiner Konzeptualisierung korrespondieren, aber prinzipiell für die Herausforderungen stehen: Wie muss eine psychoanalytische Begegnung aussehen, welche psychoanalytische Haltung brauchen wir, was heißt »NO memory, desire, understanding« (Bion 1970, 129)?

Die fünf Kommentare beschäftigen sich sowohl mit der Konzeptualisierung wie auch mit den behandlungstechnischen Fragen:

Glocer Fiorini, in der Tradition der Dekonstruktion, sieht in Hansburys Beitrag eine Möglichkeit über die Konstruktion von Subjektivität und mit dem Begriff der ›transgender edge‹ über die Prozesse der Subjekt-Werdung nachzudenken. ›Das Vaginale‹ kann einerseits als symbolische Erweiterung verstanden werden, läuft aber andererseits zugleich Gefahr, alte Dichotomien zu perpetuieren. ›Das Phallische‹ wie auch das Weibliche muss auf allen Ebenen dekonstruiert werden, sodass neue, nicht axiomatische Konzeptualisierungen entstehen können. Zudem diskutiert Glocer Fiorini das psychoanalytische Hören: Inwieweit ist dieses in Hansburys Beitrag vom queeren Status des Analytikers, inwieweit überhaupt von seinen eigenen Lebenserfahrungen, seiner eigenen Theoriebildungen abhängig?

Amir radikalisiert Hansburys Ansatz noch, in dem sie postuliert, dass jedes Subjekt die gesamten weiblichen und männlichen Funktionen und die Beziehungen zwischen ihnen, auch über Phantomisierung, erleben kann. Sie integriert Hansburys Ansatz in ihr Konzept der »lyrischen Dimension« des psychischen Raums, in dem zwei Erfahrungs- bzw. Perzeptionsweisen, der *kontinuierliche* und der *emergente* Modus interagieren können. Amir sieht in dem Transgenderkörper eine lebendige Inszenierung der ›Rückkehr des Verdrängten‹ (das verdrängte Männliche im weiblichen Körper, das verdrängte Weibliche im männlichen Körper). Die Psychoanalyse habe lange repressiv auf das vermeintliche ›Versagen‹ der Verdrängung durch das Transsubjekt reagiert. Das wahre Versagen bestehe jedoch in dem der Psychoanalyse, ›Trans‹ zu denken.

Levine untersucht das Feld von ›transgender edge‹ und ›psychoanalytic edge‹. Er fragt, ob Hansburys Fokussierung auf die ›transgender edge‹ weniger die proklamierte Befreiung und Erneuerung mit sich bringe, als die Vielfalt an Bedeutung und das analytische Denken einzuschränken. Anhand eines Traumes bebildert er die Vielschichtigkeit und Plastizität von Bedeutungen, die sich im psychischen Apparat antreffen und erzeugen lassen, wenn Analytiker*innen am ›psychoanalytic edge‹ (eine Begriffsbildung von Moss 2017, auf die Levine sich bezieht) arbeiten. Levine diskutiert diese Frage auch unter grundlagentheoretischen Gesichtspunkten des Unbewussten. Auch geht er auf Hansburys klinischen Fall ein, setzt sich mit der Übertragungsdynamik in der Behandlung, mit der Omnipotenz und Selbstdestruktivität des Patienten auseinander.

De Masi stellt die Frage nach der Diagnose (und stellt sie infrage) und damit unmittelbar die nach der Behandlungstechnik. Er betrachtet die Vorstellung, eine Vagina anstelle des Anus zu besitzen, als einen dysmorphophobischen Wahn. Dass Hansbury die Entität des Vaginalen mit einem vitalen Teil seines Patienten identifiziere, erzeuge in diesem eine gefährliche Konfusion, da er die gesunden Teile nicht von den kranken unterscheiden könne. Nach De Masi bestehe bei Kevin eine schwere perverse Sexualisierung der Psyche. Hansburys gerate in eine Kollusion mit dessen pathologischen Teilen. Seine Konzeptualisierung und Deutungsarbeit verstärke den masturbatorischen Rückzug, die pathologische Entwicklung seines Patienten.

Nissen fragt, ob phantasiert, phantomisiert wirklich als *realisieren* begriffen werden kann. Die Begriffe ›männlich‹ und ›weiblich‹ müssen im Unbewussten gegründet gedacht werden, aber können nicht von der Realität abgelöst werden. Im Fallmaterial diskutiert er Deutungsstrategien, die Konzeptualisierung von Kevins Dynamik als vaginaler Neid und die Frage, ob die Behandlung in die Verwicklung einer Als-ob-Beziehung gemündet ist.

Wir hoffen, mit diesem Beiheft einen Beitrag zum queeren Denken in der Psychoanalyse leisten zu können. Wir hoffen ferner, dass deutlich wird, welche Herausforderungen auf die Psychoanalyse zukommen, die durchaus Unsicherheit hervorrufen können, aber auch Lust an der Herausforderung. In diesem Sinne wünschen wir anregende Lektüre.

Ganz traditionell, erst die Dame, dann der Herr,

Hamburg	Uta Zeitzschel
Berlin	Bernd Nissen

Im Juni 2019

Literatur

Bion, W.R. (1970): Attention and Interpretation. London: Tavistock. Dt. (2009): Aufmerksamkeit und Deutung. Tübingen: edition diskord.

Bollas, C. (2000): Hysteria. East Sussex: Routledge.

Freud, S. (1925j): Einige psychische Folgen des anatomischen Geschlechtsunterschieds. GW XIV, 19–30.

Laplanche, J./Pontalis, J.B. (1972): Das Vokabular der Psychoanalyse. Frankfurt a.M.: Suhrkamp.

Moss, D. (2017): Pussy Riot: Commentary on Hansbury. In: Journal of the American Psychoanalytic Association 65, 1049–1059.

Warneke, S. (2020). Transsexualität· Identität im Wandel. Erscheint in: Jahrbuch der Psychoanalyse 81.

Das maskuline Vaginale und seine Verkörperung bei queeren Männern an der Grenze zu Transgender*

*Griffin Hansbury***

Im Unterschied zu vielen anderen Arbeiten befasst sich dieser Beitrag nicht mit dem Phänomen des Transgender-Erlebens, sondern mit der Beziehung zwischen Männern und dem Vaginalen, sowohl in konkreter Hinsicht wie auch in Fantasien, mit besonderem Augenmerk auf der Lokalisierung und eingehenden Betrachtung der *transgender edge*, der Grenze zum Transgender. Indem man das Vaginale als Pendant zum Phallischen betrachtet, lassen sich psychische und körperliche vaginale Zustände vom ausschließlich Weiblichen abkoppeln, sodass sie ebenso wie das Phallische von Menschen jedes Genders und Geschlechts zu erlangen sind. Diese Herangehensweise reicht über das Begriffliche hinaus zum fleischlichen, körperlichen Erleben vieler Transgender-Männer,

---

* Der Beitrag erhielt 2015 den *Ralph Roughton Award* der *American Psychoanalytic Association*. Ursprüngliche Publikation: The Masculine Vaginal: Working with Queer Men's Embodiment at the Transgender Edge. In: Journal of the American Psychoanalytic Association 65 (2017), 1009–1031.
** Der Autor arbeitet in eigener Praxis in New York City.

die in einem vollständig, teilweise und/oder zeitweise »weiblichen« Körper leben. Ebenso kann sie auf die physisch-psychische Realität vieler Cisgender-Männer angewandt werden. Im Text enthalten ist eine Diskussion des Falles eines schwulen männlichen Cisgender-Patienten, der seinen Anus als Vagina erlebt und darüber fantasiert.

> Den Unterschied zwischen den Geschlechtern zu erkennen, bedeutet dem Spiel ein Ende zu setzen.
> LACAN UND GRANOFF (1956)

Als queerer Transgender-Psychoanalytiker, der im Lauf der Jahre mit queeren, lesbischen, schwulen, heterosexuellen Cisgender-[1] und Transgender-Patienten gearbeitet hat, interessiere ich mich mittlerweile weniger für das viel diskutierte Phänomen des Transgender-Erlebens, sondern mehr dafür, das, was ich als *transgender edge* bezeichne, sowohl bei Trans- als auch bei Cisgender-Menschen zu lokalisieren und auszuleuchten. Die *transgender edge*, wie ich sie sehe, ist ein psychischer Raum – ein Schwellenraum, ein Übergangsraum, ein Spielraum –, in dem Körperteile und Genderaspekte miteinander kollidieren und verschmelzen. Die *transgender edge* verläuft in den schwammigen Randbereichen und ist eine Grenze, die, wenn man nicht achtgibt, porös wird

---

1 Das Wort *Cisgender,* das 2015 in den *Oxford English Dictionary* Einzug hielt, bezeichnet »eine Person, deren gefühlte persönliche Identität dem Geschlecht und Gender entspricht, das ihm oder ihr bei der Geburt zugewiesen wurde«. Der Begriff Cisgender verhält sich zu Transgender so, wie sich das Wort heterosexuell zu homosexuell verhält. Ich habe jedoch festgestellt (Hansbury 2011a), das »Cis und Trans« zu einem weiteren binären Begriffspaar geworden ist. Es ist zu beachten, dass das Erleben beider Gender sich in einem ganzen Spektrum und einer Matrix von Identifikationen abspielt. *Cisgender* ist dennoch ein nützlicher Begriff zur Bezeichnung von Menschen, die im Großen und Ganzen nicht Transgender sind.

und Eindringlingen erlaubt, in eine Zone zu schlüpfen, die nicht leicht zu definieren ist.

Zu diesem Zwecke möchte ich Cisgender-Männer und ihre Beziehung zu dem, was ich »das Vaginale« nenne, untersuchen – nicht die Vagina per se, sondern das symbolische Pendant zum Phallischen. Dem Vaginalen wurde von der Psychoanalyse viel zu lange Aufmerksamkeit und Konzeptualisierung verweigert. Es ist nicht annähernd so ausgiebig definiert und erforscht worden wie das Phallische, hat keinen allgemein verständlichen Namen bekommen und widersetzt sich Abgrenzungen ebenso, wie es offenbar auch der Gegenstand dieses Begriffs tut – beides ist dehnbar, kann sich öffnen, führt in einen dunklen Tunnel und bildet eine Verbindung mit den tiefer gelegenen Bereichen des Körpers. Das Vaginale wird auch als korrespondierender Bereich im Bewusstsein gesehen, der sich ausdehnen oder verengen, Luft hereinlassen oder sich verschließen kann, ein System von sich überschneidenden Kanälen und Kammern. In Fantasien kann das Vaginale Körpern mit oder ohne physische Vagina einen Zugang zum Innenleben, zu Empfänglichkeit, Offenheit und Ausdrucksfähigkeit bieten.

Ich hoffe, es gelingt mir hier, das Vaginale vom ausschließlich Weiblichen abzukoppeln, sodass dem mit Menschen aller Gender und Geschlechter arbeitenden Analytiker dafür ebenso wie für das Phallische ein angemessener Begriff zur Verfügung steht. Dieses Konzept geht über das rein Theoretische hinaus bis zum realen körperlichen Erleben vieler Transgender-Männer, die in einem komplett, teilweise und/oder zeitweise »weiblichen« Körper leben. Ebenso kann es auf die physisch-psychische Realität vieler Cisgender-Männer, ob queer oder nicht, angewendet werden.

Kevin

»Nicht zu fassen, dass wir tatsächlich über meine Fotze reden«, sagte Kevin während einer Sitzung, aufgewühlt und erstaunt darüber, dass dieser Teil von ihm endlich ans Licht kam. In den sechs Jahren, die wir miteinander arbeiteten, hatte er, ein schwuler männlicher Cisgender-Patient von mir, es noch nie gewagt, den Namen dieses Teils von sich auszusprechen, den er so beschämend fand – und so machtvoll. In seinen Körperfantasien war seine Körperöffnung tief, weit und geräumig, ein »saugendes Schwarzes Loch« mit der Kraft, große Gegenstände aufzunehmen und festzuhalten – planetengroße Penisse, eine ganze Milchstraße von Ejakulat. Mal sah er seinen Anus als *Fotze* und mal als *Muschi*. Den Unterschied zwischen den Wörtern erklärte er so: *Muschi* ist weich, *Fotze* dagegen hart, robust, stark. Das englische Wort *cunt,* das er benutzte, beginnt und endet mit einem harten Konsonanten. Das C wird tief in der Kehle gebildet, dann springt der Klang des Worts vor- und aufwärts und endet mit einem T an den Zähnen, mit dem Luft ausgestoßen wird. *Cunt* hat Stoßkraft. Und Biss. Während Kevin immer ungehemmter über diesen Körperteil sprach, hörte ich seiner Stimme an, dass sein Selbstbewusstsein wuchs.

Ich sagte: »Ich merke, dass Sie sich nicht nur schämen, sondern in gewisser Weise auch stolz auf Ihre Fotze sind.«

Als ich die verbotene Begriffskombination aussprach – *Fotze* mit dem Possessivpronomen *Ihre* davor –, erfüllte eine Art frostiges Schaudern den Raum. Ich korrigierte Kevins Wortwahl nicht zu *Anus* oder *Arschloch*. Das war nicht nötig. Wenn meine männlichen Trans-Patienten, denen bei der Geburt das weibliche Geschlecht zugewiesen wurde, einen Schwanz haben können, dann können meine männlichen Cis-Patienten auch eine Fotze haben.

Zum körperlichen Transgender-Erleben gehört oft Phantomisierung (Langer 2014; Salamon 2010; Ramachandran/McGeoch 2008; Prosser 1998). Viele Trans-Männer, die keinerlei operative Genitalrekonstruktion gehabt haben, berichten von dem konkreten Gefühl, einen Penis zu besitzen. Das Wort *Schwanz* (*cock* oder *dick*) wird unter Umständen für Umschnall-Dildos, für die physischen Genitalien des Transmanns oder für den körperlich empfundenen Phantomphallus verwendet. Auch eine lesbische Cisgender-Frau kann beim Liebesspiel einen Schwanz benutzen, ebenso wie manche nichtlesbische Cisgender-Frauen, die ihre männlichen Partner mit Umschnall-Dildos penetrieren. Frauen setzen ihren Schwanz zuweilen auch in nichtsexuellen Situationen ein. Ich denke dabei an die Szene in dem Film *Die Akte Jane* (*G.I. Jane*), in der Demi Moore, eine heterosexuelle, maskuline Cisgender-Frau, mitten im brutalen Navy-SEAL-Training ihrem männlichen Ausbilder sagt, er solle ihren Schwanz lutschen (»*suck my dick*«). In der Kultur hat der ermächtigte weibliche Phallus also seinen Platz. Zumindest existiert ein Begriff davon, auch wenn die Psychoanalyse die Rolle, die er in Fantasien spielt, noch nicht erforscht hat. Kann es auch einen Platz für eine ermächtigte männliche Vagina geben? Oder ist die männliche Muschi dazu verdammt, stets mit Kastration und Verweichlichung gleichgesetzt zu werden? Können wir zulassen, dass Kevins Stolz auf seine Fotze nicht bloß eine Reaktionsbildung gegen seine Scham ist?

Bislang stellte sich, wenn schwule männliche Patienten feminin/weiblich kodierte Begriffe für sich oder ihre Körperteile benutzten, immer irgendwann die Frage: »Ist das zulässig?« Darf ein Mann in einer Kultur, die ständig von ihm fordert, seine weiblichen, rezeptiven Seiten zu diskreditieren, ebendiese offen positiv bewerten? Meine Patienten enthüllen diese Teile von sich nur zurückhaltend. Und sie kommen oft, wenn auch gewiss nicht immer, erst damit heraus, nachdem sie erfahren haben, dass ich Transgender bin.

In der Öffentlichkeit gehe ich zwar mit meiner Gender-Identität offen um, aber ebenso wie andere Details meines Lebens offenbare ich sie meinen Patienten nicht unbedingt, sofern das klinische Material nicht vermuten lässt, dass der Patient sich auf irgendeiner Ebene bereits dafür interessiert und/oder darüber fantasiert. In einem solchen Fall befrage ich ihn behutsam nach seinen Fantasien und teile ihm dann unter Umständen mit, dass ich Transgender bin. Manche Patienten, sowohl Transals auch Cisgender, kommen aus genau dem Grund zu mir. Diejenigen, die nicht Bescheid wissen, könnten es bei Google ganz leicht herausfinden. Männliche Cisgender-Patienten haben, wenn sie herausfanden, dass ich Transgender bin, alle möglichen Reaktionen gezeigt, darunter eine Mischung aus Enttäuschung und Begeisterung, aber die meisten reagierten mit einer plötzlichen Offenheit hinsichtlich der Anteile, die sie an sich selbst als weiblich betrachten. Ein schwuler Patient sagte mir: »Ich kann Ihnen jetzt mehr von mir erzählen – von meinen verborgenen dunklen Geheimnissen.« Seine Körpersprache wurde weicher, er rückte auf der Couch näher an mich heran und begann von seinem bis dahin geheimen Leben zu erzählen, in dem er Frauenkleider trug. Ein anderer schwuler Patient sagte: »Jetzt habe ich das Gefühl, dass es keine Gefahr mehr darstellt, mit Ihnen über meine weiblichen Teile zu sprechen.« Ein heterosexueller männlicher Patient offenbarte, dass er sich gern von Frauen anal penetrieren lässt, und sagte: »Das ist so, als ob die Frau in mir gevögelt würde.« Ein anderer schwuler Mann begann darüber zu sprechen, dass er sich als »Pussyboy« sieht, als Mann mit einer Vagina, was uns zu einer Untersuchung der komplexen Beziehung brachte, die er zu Sex und seinem Körper hatte.

Kevin dachte hin und wieder laut über meine sexuelle Orientierung nach, wollte dann aber doch nicht wirklich darüber Bescheid wissen. Nach meiner Gender-Identität hat er nie gefragt. Falls er außerhalb der Analyse herausgefunden hat, dass ich Transgender bin, hat er es nie erwähnt. Dennoch stand meine Transgender-Identität mit Sicherheit im Raum, da sie, von mir verkörpert und mit meiner Psyche verflochten, für mein Denken und Fühlen natürlich von elementarer Bedeutung ist. Sie schwingt als Information immer mit und übt einen Einfluss auf die Übertragung aus, ob es dem Patienten nun bewusst ist oder nicht.

Wenn Cisgender-Patienten beginnen, die Aspekte ihrer selbst, die nicht völlig Cisgender sind, zu erforschen, gelangen wir an den Ort, den ich als *transgender edge* bezeichne, ein Ort, an dem Wörter, die angeblich nicht zum eigenen Gender gehören, dennoch benutzt werden, um sexuelle Fantasien und sexuelles Erleben zu beschreiben. Insoweit es dabei um die Verneinung des Grundsatzes geht, dass der Unterschied zwischen den Geschlechtern unveränderlich (und unüberwindlich) sei, ist die *transgender edge* ein psychischer Raum voller Herrlichkeit und Scham, voller Neid und der Angst vor dem Neid anderer. Wie kann man es wagen, beides haben zu wollen?

Der »Trieb, zu beiden Geschlechtern gehören zu wollen«, wird zwar, wenn er von Transgender-Patienten zum Ausdruck gebracht wird, häufig pathologisiert (Hansbury 2011b), doch er ist sehr verbreitet, wie Kubie (1974, 360) erläuterte: »Die Annahme, sei sie stillschweigend oder explizit, dass jedes menschliche Wesen immer nur einem Geschlecht unter Ausschluss des anderen angehören kann, ist psychoanalytisch naiv und widerläuft jeder analytischen Erfahrung […]. Ziel des Menschen ist es offenbar fast ausnahmslos, zu beiden Geschlechtern zu gehören.« Und dennoch sind, wie Elise (2001, 528) argumentiert, »Erwachsene zu oft nicht inklusiv genug im Ausdruck ihres Genders«; weiterhin weist sie alternativ zu Fasts (1978) Konzept der Überinklusivität – die Vorstellung des Kleinkindes (die es später aufgeben muss), dass ihm alle Gender-Möglichkeiten zur Verfügung stehen – darauf hin, dass man Gender-Identität »besser als entweder inklusiv (flexibel und ganzheitlich) oder unterinklusiv-exklusiv (rigide normative Unterteilung in ›feminin‹ und ›maskulin‹) bezeichnen sollte«.

Meiner Ansicht nach versuchen Patienten wie Kevin, sich von der unterinklusiven Exlusion zur Inklusion zu bewegen. Das ist keine leichte Aufgabe. Der Patient kann diese Bemühungen, die mit Scham und Angst zu tun haben, als Rebellion gegen die Vorschriften seiner frühen Objekte wie auch der Gesellschaft erleben, gegen Verbote, die sich im Über-Ich festgesetzt haben. Solche Bestrebungen werden zusammen mit dem Ausdruck derselben oft geheim gehalten und manchmal abgespalten. »Ich darf kein Junge mit weiblichen Anteilen sein«, sagt der Patient, ohne dass es ihm bewusst ist. »Ich werde trotzdem einer sein, aber das werde ich geheim halten. Ich werde eine Fotze haben, d. h. ich werde auch wie ein Mädchen sein, aber ich werde sie abspalten und in einem abgeschotteten Raum aufbewahren, wo sie nicht verletzt oder mir weggenommen werden kann.« Wenn der Analytiker mit solch einem Streben nach Gender-Inklusivität konfrontiert wird, ist es nicht seine Aufgabe, den Patienten mittels einer Realitätsprüfung davon zu überzeugen, seinen Wunsch aufzugeben und die Unmöglichkeit zu betrauern, eine vollkommene Kombination beider Geschlechter sein zu können,[2] sondern ihm dabei beizustehen, seine Mission der Inklusivität zu erfüllen, damit er sich nicht länger in die Abspaltung flüchten muss. Abgespaltene Anteile neigen dazu, sowohl in der Psyche als auch im Soma herumzuspuken, wo sie mit ihren Ketten rasseln und sich höchst unangenehme Ausdrucksmöglichkeiten suchen.

Indem ich die »Fotze« meines Patienten im Sinn behielt, während ich das Wort aussprach und so mit meiner Stimme spiegelte, hoffte ich Kevins Scham und Angst zu lindern und Raum zu schaffen, damit dieser Teil von ihm nicht mehr im Verborgenen, sondern offen leben konnte.

Während wir gemeinsam die machtvollen Gefühle und Fantasien erkundeten, die seine Vaginalität generierte, gelang es Kevin nach und nach, einige der Gefahren, die für ihn damit zusammenhingen, in Worte zu fassen. Er fürchtete, dass andere Männer ihn um seine Offenheit beneiden könnten. Das brachte ihn darauf, sich Gedanken über seinen eigenen Neid zu machen. Er fragte: »Will ich eine Vagina haben wie meine Mutter, damit ich wie sie die Liebe meines Vaters bekomme?« Diese Selbstinterpretation fühlte sich für ihn richtig an, aber unvollständig. Ich stimmte ihm zu, dass das nicht die ganze Geschichte war. Vielleicht im

---

2 Ich benutze den Begriff »vollkommene Kombination«, weil diese Vollkommenheit das Unmögliche ist. In der Realität verkörpern viele Menschen (Transgender, Cisgender und Intersexuelle) durchaus Aspekte beider Geschlechter.

– expliziten oder impliziten – Wissen um meine Trans-Identität sagte Kevin, er fürchte, dass andere Menschen, so auch ich, davon ausgehen würden, dass »alle schwulen Männer einfach bloß Frauen sein wollen«, eine Annahme, die dem binären Denken entspringt. Doch der Wunsch, Attribute beider Geschlechter zu besitzen, ist nicht das Gleiche wie der Wunsch, eine Frau zu sein. Wonach Kevin sich sehnte, sowohl bewusst wie auch unbewusst, war, auch in seinem unbestreitbaren Mann-Sein Zugang zu seinen »Frauenteilen« zu bekommen, die Teile, die offen, empfänglich und expressiv waren (und es wieder sein können).

Das männliche Vaginale

Fantasien und sexuelle Spiele schwuler Männer, die sich um den Anus als Vagina drehen, tauchen nur selten in der Literatur auf. In seiner Schrift über das Gender der Homosexualität stellte Corbett (1993, 351 f.) fest, dass Analytiker die Passivität schwuler Männer von jeher als problematische weibliche Identifikation betrachtet haben, »via den Verzicht auf phallische Aktivität, die Inszenierung einer Kastration und die Fantasie vom Anus als Vagina«; er erklärte jedoch, in seiner klinischen Tätigkeit sei er »keinem schwulen Patienten begegnet, der über seinen Anus als Vagina fantasierte«. Aber 1993 ist lange her, und queere Äußerungen von Gender und Körperlichkeit haben sich seither dramatisch verändert. Ebenso wie die Psychoanalyse. Später hat Corbett seinen Standpunkt aktualisiert: »Penetration und Fantasien darüber können zu einer Vielzahl von weitergehenden Fantasien führen, darunter das Sexspiel, eine Vagina zu haben, was nicht mit Kastration gleichgesetzt werden muss oder sollte«, dennoch, fügt er hinzu, habe er immer noch keinen männlichen Patienten getroffen, der von einer Vagina-Fantasie berichtet habe (persönlich kommuniziert am 18. August 2014).

Ich will nicht den falschen Eindruck erwecken, dass meine Praxis vor Männern, die von ihren vaginalen Fantasien sprechen, aus allen Nähten platzt. Der Großteil der zahlreichen schwulen Cisgender-Männer, mit denen ich im Lauf der Jahre gearbeitet habe, haben nichts von solchen Fantasien erzählt. Aber das Thema kam immerhin so oft zur Sprache, dass ich es als untersuchenswertes Phänomen betrachte[3] – und nicht nur auf schwule Männer beschränkt. Vaginale Fantasien sind mir auch von sich als heterosexuell definierenden männlichen Cisgender-Patienten berichtet worden.[4] Die Diskrepanz zwischen dem Nichtvorhandensein dieses Phänomens in der Literatur und in anekdotischen Kollegengesprächen und meinen Begegnungen damit in meinem Sprechzimmer stellt mich vor die Frage, ob mein psychisches und körperliches Gender – ob dieses meinen Patienten nun bewusst ist oder nicht – vielleicht eine Art Transgender-Übertragung hervorruft, die solchen Fantasien Vorschub leistet. Obwohl ich versucht bin, diese Fragestellung weiterzuverfolgen, würde das hier zu weit führen; doch im Hintergrund ist sie immer präsent.

3   Ich zähle auch vaginale Träume zu diesem Phänomen, in denen eine bis dahin unentdeckte Vagina unter Glücksgefühlen gefunden wird, manchmal an der Spitze des Penis oder am Perineum. Ein Patient schaut zum Beispiel hinter seine Hoden, findet eine Vagina und fühlt sich, als habe er »das große Los gezogen«. Das erinnert mich an einen verbreiteten Traum von Bewohnern New Yorks, in dem ein unentdecktes zusätzliches Zimmer in der Wohnung gefunden wird, ein Ort, an dem der Träumende noch nie nachgeschaut hat. Beim Erwachen fühlt er sich, als habe er etwas verloren; das Extrazimmer ist nur ein Phantom.
4   Ich nenne sie »sich als heterosexuell definierend«, weil diese Männer, auch wenn sie sich vorwiegend als heterosexuell definieren, ein gewisses Interesse an Menschen mit einem Penis haben, seien es Cisgender-Männer oder Transgender-Frauen. Diese Männer lassen sich auch gern von Cisgender-Frauen penetrieren. Die Unterschiede zwischen der Selbstdefinition und dem Begehren in der sexuellen Orientierung sind zwar interessant, liegen aber hier außerhalb meines Themenbereichs.

In dem Text *Roundtable on Anal Sexuality and Gay Men* aus dem Journal *Studies in Gender and Sexuality* wird das Vaginale kaum erwähnt. Es wird in der Arbeit *The Danger of Desire: Anal Sex and the Homo/Masculine Subject* kurz angeschnitten, in der Jeffrey Guss (2010, 138) fragt: »Können wir den Anus eines Mannes, wenn er erotisch benutzt wird, als männliches Geschlechtsorgan begreifen, oder macht seine funktionelle Ähnlichkeit mit der Vagina dies unmöglich?« Der Umstand, dass diese Frage als Dilemma formuliert wird, macht deutlich, dass unser Berufsstand der Ansicht ist, die Vagina sei ausschließlich ein weibliches Geschlechtsorgan und könne kein männliches sein. Aber können wir die Vagina und das symbolische Vaginale nicht als multivalent begreifen, mal weiblich und mal männlich, je nachdem, wer dieses Organ benutzt, auf welche Weise und zu welchem Zweck? Meiner Ansicht nach ist das im Grunde eine transmoderne Frage.

In einem früheren Artikel (Hansbury 2011a) habe ich den Begriff *Transmodernismus* eingeführt, um einen post-postmodernen Ansatz zu beschreiben, der von der Prämisse »sowohl als auch/keins von beiden« ausgeht, das heißt, der Körper mitsamt seiner Teile kann auf omnipotente Weise Geschlecht und Gender bekommen, er kann sich verändern und ist alles andere als statisch. In der Vergangenheit hat die kanonische Psychoanalyse das körperliche Geschlecht als maßgeblich für die Definition des Genders behandelt. Von diesem Standpunkt aus betrachtet gibt es nur zwei Gender, und Bestrebungen, zu mehr als einem davon zu gehören, kommen einer Art Gender-Grandiosität gleich, bei der nichts betrauert oder aufgegeben werden kann. Das bezeichne ich als binäres Gendermodell. Die heutige psychoanalytische Gendertheorie, die auf dem Second-Wave-Feminismus und dem Postmodernismus aufbaut, hat diese Binarität demontiert und ein alternatives Konzept geschaffen, demzufolge Gender in einem Kontinuum von Männlichkeit und Weiblichkeit existiert, das dem biologischen Körper entsprechen kann oder auch nicht.

Ich nenne das das Multiplizitäts-Gendermodell. Meine These ist, dass weder das binäre noch das multiplizitäre Modell für sich allein genommen ausreicht, weil beide eine falsche Dichotomie postulieren: Entweder man gehört zu einem der zwei Gender, oder man bewegt sich irgendwo dazwischen.

Wird das Gender als generell multipel betrachtet, spielt der Körper kaum eine Rolle. Wird das Gender als generell binär betrachtet, spielt der Körper eine zu große Rolle. In der transmodernen Sichtweise spielt der Körper zwar eine wichtige Rolle, aber er ist nicht unveränderlich. Er ist vielmehr ein *gequeerter* Körper. Das Verb *to queer* wird vom Merriam-Webster definiert als: »die Wirkung oder den Erfolg von etwas durchkreuzen«, zum Beispiel jemandes Pläne. Das ist gar nicht so weit entfernt von der Bedeutung, die das Wort in der queeren Theorie hat, in der *to queer* bedeutet, eine überlieferte Geschlechts-/Gender-Position zu dekonstruieren und zu destabilisieren, Kategorien wie männlich und weiblich, die als unveränderlich angesehen werden, durcheinanderzubringen (und womöglich ihre Wirkung oder ihren Erfolg zu durchkreuzen). Der *gequeerte* transmoderne Körper spaltet sich nach einem Erforschungsprozess, der ihn der orthodoxen Denkweise entreißt, nicht mehr in ein binäres und ein multiples Modell, sondern hält beide in dialektischer Spannung. Wie Aron (1995, 195) schrieb, brauchen wir »sowohl einen Begriff von Gender-Identität als auch einen Begriff von Gender-Multiplizität; allgemeiner gesagt müssen wir den Menschen sowohl als einheitliches, stabiles, in sich geschlossenes als auch als multiples, fragmentiertes Subjekt sehen, das sich von einem zum anderen Moment verändert«.

Für mich spielt das transmoderne Denken mit Gender- und Geschlechtsbinaritäten, mit Körpersymbolen und fleischlichen Realitäten und schwimmt dabei im Fluss der Multiplizität. So entsteht ein Raum, in dem das Vaginale sowohl ein männliches als auch ein weibliches Geschlechtsorgan/-symbol sein kann, für alle verfügbar und sowohl passiv als auch aktiv einsetzbar. Das ist ein Beispiel für Gender-Inklusivität.

Ein Cisgender-Mann kann also in seiner Fantasie eine Vagina haben und ein Transgender-Mann kann eine physische Vagina haben –, ohne dass einer davon sein Mann-Sein / seine Maskulinität über Bord wirft (außer wenn genau das in dem Moment das Ziel ist). Der *gequeerte* Körper nimmt eine nicht euklidische geometrische Form an, eine Art komplexe Vielfalt von Kurven und Reibungen.

In einer Open-Source-Kultur, um mal einen Begriff aus dem Internet zu verwenden, kann jeder sich Inhalte aneignen und zu kreativen Zwecken teilen. Wenn wir die Open-Source-Ideale auf Geschlecht und Gender anwenden, dann gibt es kein Copyright auf das Vaginale, sein Gebrauch ist nicht nur auf einen Körpertyp beschränkt. Diese Begriffserweiterung erlaubt es Patienten und Analytikern, sich durch kreatives Kombinieren eine Matrix der Vaginalität zusammenzubasteln, von der auf übliche Weise aufgebauten weiblichen Vagina, die passiv aufnahmefähig ist, bis zur selten konzeptualisierten männlichen, aktiven Vagina (an einem Körper, der weiblich, männlich oder etwas anderes ist). Das könnten zwei Enden eines Spektrums mit zahlreichen Kombinationen dazwischen sein.[5] In der Therorie ist das nichts Neues. Obwohl er Sex in binären Kategorien betrachtete, einschließlich der bestimmten Gendern zugeschriebenen Begriffe Aktivität und Passivität, verstand und erklärte Freud (1920, 300), dass physische Geschlechtscharaktere, mentale Geschlechtscharaktere und die Art der Objektwahl »voneinander unabhängig variieren und sich bei den einzelnen Individuen in mannigfachen Permutationen vorfinden«. Diese Behauptung, die vor fast einem Jahrhundert radikal war, ist eine verlockende Einladung, die Möglichkeit einer Multiplizität des Ausdrucks von Geschlecht und Gender in Betracht zu ziehen, die sich um binäre Grundbausteine organisiert.

---

5   Eine ähnliche Matrix könnte man sich auch für den Phallus vorstellen, einschließlich eines penetrierbaren Penis – für viele Menschen mit einer Vorliebe für Harnröhrenstimulation kein allzu ferner Gedanke.

Was fällt einem ein, wenn man sich eine männliche Vagina vorstellt? Ich denke da an Buck Angel, den männlichen Trans-Pornostar, der seine Vagina behalten hat und sich »Der Mann mit der Muschi« nennt. Buck, ein muskulöser Mann mit Tätowierungen und Bart, der sich oft mit einer Zigarre im Mund fotografieren lässt, hat eine eigene Pornofilmproduktionsfirma und ist dort Darsteller in Filmen mit Titeln wie *The Buck Stops Here*, *Buck Off* und *Buckback Mountain*. Seine Vaginalität steht im Mittelpunkt dieser Filme. Beim Sex mit anderen ausgesprochen maskulinen Männer verhält sich Bucks »männliche Muschi«, wie er sie nennt, traditionell männlich – sie ist aggressiv und dominant. Er lässt sich zwar häufig penetrieren, nimmt aber nicht die passive Haltung ein, in der die Vaginas von Frauen oft (wenn auch nicht immer) in der Pornographie gezeigt werden. Seine aufnahmebereite maskuline Vagina ist aktiv – sie zieht, saugt, klammert.[6]

In einem Online-Interview erklärt Buck, dass schwule Männer den Großteil seiner Fans ausmachen. Wieso? »Weil ich ein Mann bin«, sagt er. »Schwule Männer fühlen sich von Männern angezogen, und ich bin ein sehr maskuliner Mann. Die Vagina hat nichts damit zu tun.« (xtraonline 2010) Dieses Statement wiederholt er in einem anderen Interview: »Ich glaube, schwule Männer mögen meine Filme, weil ich ein Mann bin. Ich bin ein totaler Macho, und darauf stehen schwule Männer. Die

---

6   Ebenso wie es kein linguistisches Gegenstück zum ›Phallischen‹ gibt, fehlt auch ein Wort für das aktive rezeptive Gegenteil von ›penetrieren‹. Als Verb, das eindringen oder durchbohren bedeutet, ist *penetrieren* das Gegenteil von *herauskommen* oder *austreten*, aber das ist nicht das Wort, nach dem wir suchen. Das Gegenteil von *penetrieren* ist meist passiv, das Penetriertwerden ist etwas, das man mit sich machen lässt. *Empfangen* ist zu schwach. Wenn man einen aktiveren Ausdruck sucht, sind Synonyme zu *aufnehmen* unter anderem *saugen, schlucken, verschlingen, verzehren, trinken* oder *essen* – Tätigkeiten des Mundes. Es fällt auf, dass es in der englischen (wie auch der deutschen – Anm. der Red.) Sprache schwer fällt, sich eine aktive rezeptive Körperöffnung vorzustellen, die nicht der Mund ist.

Muschi macht nur einen kleinen Teil von mir aus [...], im Grunde genommen ist meine Muschi nur ein weiteres Loch.« (Juul 2009)

Buck argumentiert, dass ein Mann nicht durch seine Genitalien definiert wird. Gewiss, schwule Männer fühlen sich von Bucks Männlichkeit und Maskulinität angezogen, aber ich bin nicht der Ansicht, dass »die Vagina nichts damit zu tun« hat, dass schwule Männer auf Buck stehen. Die Vagina hat viel damit zu tun, andernfalls würde er sie nicht derart zur Schau stellen. Es ist jedoch interessant zu untersuchen, wieso er bestreitet, dass seine Vagina eine Hauptrolle spielt. Wenn sie wirklich nur »ein weiteres Loch« wäre, warum sollten er und seine schwulen Partner ihr dann den Vorrang vor seinem Anus geben? Sie muss etwas spezifisch Begehrenswertes haben, vielleicht etwas, das Buck und die anderen Männer nicht sehen wollen.

Schwule Cisgender-Männer, die auf Sex mit Transgender-Männern stehen, äußern manchmal die Sorge, dass diese Vorliebe im Widerspruch zu ihrer schwulen Identität steht. Deutet der Reiz, den ein Transgender-Mann mit einer Vagina auf einen schwulen Mann ausübt, auf eine latente Heterosexualität des Letzteren hin? Nur, wenn man ihn allein durch die Brille der Gender-/Geschlechts-Binarität betrachtet. Durch eine transmoderne Brille würde man ihn nicht als mehr heterosexuell, sondern als mehr queer ansehen.

Wie Salamon (2010, 151) schreibt: »Wenn man sexuelle Unterschiede in anderen als binären Begriffen betrachtet, kann diese Kategorie so aus der ›natürlichen‹ Materialität gelöst werden, dass es leichter wird, der Versuchung zu widerstehen, die genitale Morphologie als wesentliche Determinante des Selbst zu betrachten.« Wenn es in der Psychoanalyse die Versuchung gibt, aus einem schwulen Cisgender-Mann, der sich von Trans-Personen angezogen fühlt, einen heterosexuellen zu machen, so entspringt dieser Drang der Angst, die Trans-Körper verursachen können, dem »primitiven Gender-Horror« (Saketopoulou 2015), der die Psychoanalyse gepackt hat, seit der erste Transgender-Patient auf den Plan trat, und im gesamten letzten Jahrhundert eine Vielzahl von transphobischen Gegenübertragungen ausgelöst hat (Hansbury 2017). Nicht nur, dass schwule Männer mit Vagina-Fantasien nicht »einfach nur Frauen sein wollen«, auch schwule Männer, die Sex mit Transmännern haben, wollten nicht »bloß mal mit einer Frau schlafen«. Wo ist hier der Fokus der Identifizierung? Fantasieren die schwulen Männer, die Buck-Angel-Filme schauen, unbewusst darüber, die Position seines Partners einzunehmen oder die von Buck – oder beides?[7] Ähnlich wie ein heterosexueller Mann sich in Pornos mit einer Frau identifizieren kann – indem er beim Betrachten der Vagina seinen unbewussten und inakzeptablen Wunsch nach Passivität und Aufnahmefähigkeit darauf projiziert und so das ansonsten verleugnete Begehren, penetriert zu werden, über die Stellvertreterin auf dem Bildschirm erlebt (Giles 1977) –, können schwule Cisgender-Männer einen verlorenen Teil ihrer selbst in Buck Angel finden. Wie Diane Elise (2001, 500) feststellte, »neigen Männer dazu, den Zugang« zu der Erfahrung des Penetriertwerdens »zu verlieren, was so weit gehen kann, dass sie Penetration als Bedrohung« ihrer Maskulinität und »sogar ihrer ganzen Persönlichkeit fürchten«. Bucks allgegenwärtige Maskulinität löst dieses Problem für den Zuschauer. Mit seinem Körper, der sowohl ultramännlich als auch vaginal konfiguriert ist, gestattet Buck Angel es anderen, ohne jedes Risiko ein penetrierbarer Mann zu sein – und er macht ein Verlangen, das dem Zuschauer vielleicht unbewusst ist oder von ihm verleugnet wird, akzeptabel. Er ist eine Art sprichwörtliche Verkörperung des vaginalen Wunsches vieler Männer – des Wunsches, nicht eine Frau zu

---

7   Zum Zweck dieser Arbeit konzentriere ich mich auf Angels Position als vaginal rezeptiver Partner, er tritt jedoch auch als Penetrator auf, sowohl mit Cisgender- als auch mit Transgender-Männern und -Frauen. Außerdem können schwule/queere Cisgender-Männer, die Sex mit Trans-Männern haben, auch daran interessiert sein, ihre transmaskulinen Partner zu penetrieren oder von ihnen penetriert zu werden. Der transmännliche Körper ist nicht ausschließlich rezeptiv.

sein, sondern ein maskuliner Mann mit einer Muschi, einer mächtigen, erotischen, weiblich kodierten Körperöffnung, die alles verschlingt, was ihrer Anziehungskraft nicht widerstehen kann, ähnlich dem »saugenden Schwarzen Loch« meines Patienten Kevin.

Dabei fällt mir ein schwuler männlicher Kollege ein, der mir sagte, dass Kevins vaginaler Wunsch nur ein Ausdruck seiner insgeheimen Homophobie sei und das Bestreben, »schwulen Sex hetero zu machen«. Diese Art der Interpretation, möchte ich einwenden, ist eher eine Manifestation der Gegenübertragungsangst des Analytikers, die entstehen kann, wenn wir mit der *transgender edge* konfrontiert werden – und die weiteren Untersuchungen unter Umständen im Weg steht. Der Wunsch, ein maskuliner Mann mit einer Muschi zu sein, ist kein transsexueller Wunsch, sondern spielt sich eher an der *transgender edge* ab, diesem Übergangs-Grenzraum. Und wir können unseren sich als männlich identifizierenden Patienten helfen, an diese Grenze zu gehen, um kostbare verlorene und kastrierte Teile ihrer selbst zu betrauern und zurückzufordern.

Vaginale Kastrationsangst

In der Geschichte der Psychoanalyse war die Kastration schon immer ein vorherrschendes Thema, und dabei ging es fast immer um den Penis oder den Phallus. Jedoch kann die Vagina oder das Vaginale ebenso kastriert werden.

In der wohlbekannten alten Geschichte fürchtet der Junge seinen Penis zu verlieren, während das Mädchen den Penis, den es bereits verloren hat, betrauert und die männlichen Wesen um ihre Genitalien beneidet (Freud 1905). Erwachsene können Kastrationsangst durch sexuelle Fantasien und Handlungen bekämpfen, die den Verlust oder die Möglichkeit des Verlusts negieren sollen. Elizabeth Lloyd Mayer (1985) drehte Freuds Kastrationstheorie um und wandte sie auf Frauen an, indem sie die Idee vertrat, dass kleinen Mädchen ihre Vagina ebenso kostbar ist wie kleinen Jungen ihr Penis und dass auch Mädchen Angst davor haben können, ihre geliebte Vulva/Vagina zu verlieren, das heißt kastriert zu werden. Der Verlust der Vagina, schreibt Mayer (1985, 334f.), wird als Verlust einer »Öffnung und eines potentiellen inneren Raums« erlebt. Das Mädchen fürchtet, verschlossen zu werden – genau wie ein Junge, der in der Fantasie des Mädchens seiner Vagina und seines Inneren beraubt wurde. Mayer erklärt, dass sich Frauen später vor dieser »weiblichen Kastrationsangst« schützen, indem sie ihre Offenheit betonen. Sie können sich mit Vergewaltigungsfantasien und -ängsten beweisen, dass sie nicht verschlossen sind, und ich möchte hinzufügen, dass auch vaginaler Exhibitionismus und Sex mit einem penetrierenden Partner dem gleichen psychischen Zweck dienen können. Auch eine Schwangerschaft kann als Beweis der intakten Offenheit einer Frau und als Mittel gegen vaginale Kastration dienen, denn ein schwangerer Körper besitzt ganz offensichtlich einen Ein- und Ausgang.

Mayer erweist der Anerkennung innerer Genitalität und ihrer Bedeutung zwar einen großen Dienst, aber bedauerlicherweise bezeichnet sie die Angst vor ihrem Verlust als »weibliche« Kastrationsangst und nimmt damit Männern die Möglichkeit, Angst vor dem potentiellen Verlust dieses wichtigen Teils ihrer selbst zu haben. Sie lässt das männliche Gegenstück zu Freuds auf den Penis neidischen Mädchen außer Acht, nämlich den Jungen mit seiner Fantasie, er habe einmal eine vaginale Öffnung gehabt, und diese sei ihm gewaltsam genommen worden, den Jungen, der diesen Verlust betrauert und dabei weibliche Wesen um ihre penetrierbaren inneren Genitalien beneidet.

Natürlich gibt es in der Psychoanalyse eine Tradition, die sich mit der Ausgestaltung des Geschlechtskörpers in Fantasien, mit Trauer und Gendergrenzen befasst. Klein (1957) stellte die Theorie auf, dass das erste Objekt des Neides sowohl bei Jungen wie auch bei Mädchen die Brust ist. Horney (1926) postulierte, dass Jungen und Männer Frauen um die Brust und den Uterus beneiden, vor allem wegen der mütterlichen

Üppigkeit und Schöpferkraft dieser Körperteile. Nur wenige Analytiker (Tarpley 1993, Boehm 1930) haben sich jedoch dem männlichen Neid auf die Vagina gewidmet und diese Forschungen münden meist nicht in dem Verlangen nach dem Organ selbst, seinen Eigenschaften und/oder seinen symbolischen Begleitern, sondern wieder einmal in dem nach der mütterlichen Kraft des Gebärens. Mit wenigen Ausnahmen ist die Vagina in der Psychoanalyse, wenn sie nicht für das Fehlen des Penis steht, nach wie vor nur das Portal für den männlichen Neid auf den Uterus.

Eine Ausnahme ist der fesselnde und detaillierte Text *Interiority and Inner Genital Space in Men: What Else Can Be Lost in Castration* von Gerald Fogel (1998), in dem er Gründe für das Vorhandensein eines inneren genitalen Erlebens bei Männern und eine Omnipotenz bei allen Geschlechtern vorbringt. Er kreiert die bisexuelle Konstruktion des »Kloakenmanns«, eines Mannes mit einer mächtigen genitalen Öffnung zwischen den Beinen, das Pendant zum uralten Bild der phallischen Frau. Hier wird das Wort *kloakisch* analog zu *phallisch* benutzt,[8] beide Wörter sind symbolisch gemeint, keins körperlich, beide sind für alle und jedes Geschlecht und Gender psychisch verfügbar. Der Kloakenmann repräsentiert einen Typ von Männlichkeit oder Mannsein, der die Macht der Innerlichkeit besitzt, wozu die Charakteristika »Rezeptivität, Offenheit und Toleranz gegenüber Ambiguität, Paradoxen und multiplen Perspektiven« gehört (Fogel 1998, 685), ebenso wie die Fähigkeit, zu saugen, zu schlucken, zu sammeln und zu erschaffen. »Kastrationsangst«, schreibt Fogel (1998, 695), »kommt auf, wenn irgendein fundamentaler Teil des reifen psychischen und psychosexuellen Lebens bloßgestellt oder bedroht wird. Wenn er keinen freien Zugang zu seinem auf

---

8 Übrigens haben Frauen, als ich dieses Material präsentierte, Anstoß an Fogels Wortwahl *kloakisch* genommen, weil sie darin eine Verunglimpfung der Vulva/Vagina sahen. Unter anderem aus diesem Grund habe ich mich entschlossen, den Begriff nicht zu verwenden.

einer höheren Ebene befindlichen inneren, eher ambigen Kontinent hat, ist ein Mann kastriert, kompromittiert, unvollkommen.«

Wie Mayers weibliche Patienten empfinden auch Fogels Männer und Jungen Angst vor der Bedrohung, ihre innere Genitalität könnte kastriert werden. Das ist weder Penis-Kastrationsangst noch weibliche Kastrationsangst, sondern vaginale Kastrationsangst, die Angst vor der Abschottung eines inneren psychischen Raums. Ich frage mich: Wie kann sich ein Mann gegen diese Angst wehren? Ich glaube, auf die gleiche Weise wie die unter einer ähnlichen Angst leidenden Frauen – wenn wir Mayer folgen wollen, mit Vergewaltigungsfantasien, ausgiebigen Penetrationen, der exhibitionistischen Ausstellung seiner Öffnung und Schwangerschaft.

Zurück zu Kevin

Kevin hatte die Therapie ursprünglich begonnen, weil er Probleme mit seinem Sexualverhalten und Schwierigkeiten hatte, eine intime romantische Beziehung zu einem Mann aufrechtzuerhalten. Er schilderte, wie er stundenlang fieberhaft im Internet nach maskulinen Männern suchte, die Analverkehr ohne Kondom praktizierten (die Männer aktiv, Kevin passiv). Wie Shelby (2002) in seiner Arbeit über schwules *Cruising* feststellt, ist die Suche ein wichtiger Teil – vielleicht der wichtigste – der Aktivität. Wie viele Männer, die online *cruisen*, verbrachte Kevin mehr Zeit damit, nach Sex zu suchen, als ihn zu haben, aber trotzdem hatte er oft Sex. Vor dem Sex und währenddessen war Kevin verzweifelt. Er bezeichnete seinen Sextrieb als zwanghaft, etwas, das außerhalb seiner Kontrolle passierte, ohne einen Gedanken an seine körperliche oder emotionale Sicherheit.

Ich äußerte meine Sorge, dass Kevins sexuelle Aktivitäten zu einer HIV-Infektion führen könnten. Er sah ein, dass seine Vorliebe für rezeptiven Verkehr ohne Kondom höchst riskant war, aber obwohl es ihm

Angst machte, war er bereit, dieses Risiko einzugehen. Meine langjährige Erfahrung in der Arbeit mit HIV-infizierten Patienten – ein Virus, der in den letzten Jahren besser behandelbar geworden ist – hat mich zwar mit der Fähigkeit ausgestattet, in der Gegenübertragung nicht im Schrecken unterzugehen, der den Therapeuten überkommen kann, wenn HIV in den Sitzungen zum Thema wird, aber ich machte mir dennoch große Sorgen um Kevins Gesundheit. Während wir intensiv daran arbeiteten, die psychischen Faktoren dafür zu verstehen, aufgrund derer er bereit war, dieses Risiko einzugehen, wurde bei Kevin nur ein paar Monate nach dem Beginn unserer Arbeit HIV diagnostiziert. Er empfand Angst, Scham und bemerkenswerterweise Erleichterung.

Viele schwule Männer berichten, dass sie bei ihrer HIV-Diagnose erleichtert waren. Ich vermute, der Grund dafür ist nicht nur, dass sie nun keine Angst mehr haben müssen, sich zu infizieren (Shernoff 2006), sondern auch, dass die vaginale Kastrationsangst nachlässt. Ich gehe davon aus, dass anal rezeptiver Sex ohne Kondom, besonders, wenn er in einem verzweifelten, zwanghaften Zustand ausgeführt wird, eine psychische Schutzfunktion übernehmen soll. Es geht dabei darum, Gender-Inklusivität zu bewahren oder zurückzugewinnen und laut und deutlich zu erklären: »Ich bin nicht vaginal kastriert. Ich bin offen, ich habe ein Inneres. Ich bin nicht verschlossen.«

Die hegemonische Maskulinität zielt unter anderem auf vaginal kastrierte Jungen ab. Ein femininer Junge, ein »girlyboy«, wie Corbett (1996) es nennt, stellt eine Bedrohung der paternalistischen Ordnung dar. Weiblichkeit bei Jungen (Sensibilität, Emotionalität, Offenheit) wird gemeinhin als passive Homosexualität interpretiert; ein Tabu, sogar in Kulturen, in denen schwuler Sex eher akzeptiert wird.

Männliche homosexuelle Passivität unterminiert den Absolutismus heterosexueller männlicher Aktivität und Autorität. Ohne einen solchen Absolutismus werden die Anschauungen der Kultur über normative Gender destabilisiert. (Corbett 1993, 352)

Bersani (1987, 18) argumentierte, dass rezeptiver Analsex den Empfänger ebenso destabilisiert wie die Kultur, für die das »Bild eines erwachsenen Mannes, der, die Beine in die Luft gereckt, unfähig ist, sich der suizidalen Ekstase zu verweigern, eine Frau zu sein«, »unerträglich« sei. Botticelli (2010) bezeichnet analen Sex als »das Undenkbare« und erörtert, dass seine schwulen Patienten ihre Penetrabilität als unmentalisiert erleben, vor allem von ihren Vätern, heterosexuellen Männern, die sich das Innenleben ihrer Söhne nicht vorstellen und es nicht begreifen können. Innerhalb einer Familie destabilisiert ein *girlyboy* die Gender-Sicherheit der einzelnen Angehörigen, was häufig zu einer Überwachung und Korrektur des Gender-Ausdrucks des Jungen führt. Das ist vaginale Kastration.

Ich gehe davon aus, dass vaginale Kastrationsangst bei solchen Cisgender-Männern stärker ausgeprägt ist, die als Jungen nicht den Gender-Normen entsprachen und daher strenger und manchmal gewaltsamer Gender-Kontrolle unterworfen waren. In der Therapie erinnerte sich Kevin daran, ein solcher emotional expressiver Junge gewesen zu sein, sensibel und nah am Wasser gebaut. Er sehnte sich nach den Spielsachen und Privilegien, die Mädchen zustanden – der Betty-Crocker-Backofen, Puppen und Küsschen von Papi. Wie vielen Jungen wurde ihm gesagt, dass Jungs nicht weinen, nicht mit Puppen spielen und keinen Kuchen backen. Und was Küsschen von Papi angeht: Diese Form der Liebe durften Jungs nicht empfangen. Kevins Eigenarten und Bewegungen wurden regelmäßig durch Erwachsene kontrolliert, die ihn anwiesen, nicht »so« zu sitzen, zu gehen und zu sprechen, ebenso wie von Gleichaltrigen, die ihn »Schwuchtel« und »Mädchen« nannten. Vor allem Äußerungen weiblicher Schöpferkraft und überschwänglicher Freude stießen auf heftiges Missfallen.

Wie vernichtend diese Art der Kontrolle sein kann, schildert Richard Blanco (2012), der *Inaugural Poet* bei Barack Obamas Amtseinführung 2013 und ein offen schwul lebender Mann, in seinem Essay *Making a Man Out of Me*, in dem er sich an die gnadenlose Gender-»Korrektur«

durch seine kubanische Großmutter erinnert. Da er ein gewisses Maß an vermeintlicher Weiblichkeit zeigte, die offenbar als gefährlich galt, attackierte sie ihn in seiner gesamten Wesensart, indem sie ihm sagte, dass er wie ein Mädchen, eine Memme, eine Schwuchtel aß, sprach, ging und spielte. »Alles an mir ist verkehrt«, schreibt er, »ich habe Angst, irgendetwas zu tun oder zu sagen [...], fürchte mich davor, etwas zu wollen oder um etwas zu bitten [...], schäme mich, am Leben zu sein« (Blanco 2012, 33). Blanco schirmt sich gegen diese Kastration ab, indem er Gedichte schreibt, was Aufnahmefähigkeit, Toleranz gegenüber Ambiguität und eine tiefe Einsicht in das eigene Innere erfordert. Wir können Gedichteschreiben als einen gesunden oder adaptiven Schutzmechanismus bezeichnen, im Gegensatz zu anderen, selbstzerstörerischen Methoden, vaginale Kastrationsangst zu bewältigen, auch wenn wir jegliche Bemühung, offen und unkastriert zu bleiben, als Streben nach Gender-Inklusivität anerkennen.

Genau wie Blanco bekam auch Kevin im Grunde zu hören: »Die offenen, femininen Teile von dir sind fehl am Platz, und wir werden sie dir herausschneiden.« Als er sich daran erinnerte und in der Sitzung weinte, weil er für den Ausdruck seines Genders erniedrigt wurde und um den *girlyboy* trauerte, der er nicht sein durfte, konnte ich mir seinen Schmerz über die frühen Angriffe auf essenzielle Teile seiner selbst gut vorstellen. Genau wie Blanco fand er ein Ventil für seine Offenheit, aber nicht durch Worte, sondern durch Handlungen, die noch nicht mentalisiert worden waren – weder von Kevin noch von anderen Menschen in seinem Leben.

Die invasive Präsenz von HIV im Blutkreislauf beweist, dass der Infizierte einen anderen Mann in seinen Körper aufgenommen hat und somit offen ist, vergleichbar damit, wie eine Schwangerschaft einer Frau beweist, dass sie offen ist. (Dabei denke ich wieder an Mayers Konzept weiblicher Kastrationsangst und der physischen Indizien, durch die Frauen mit dieser Angst sich ihre Offenheit bewusst machen.) Die schwule männliche *Barebacking*-Kultur, bei der Sex ohne Kondom bevorzugt und gefeiert wird, ist voll von Schwangerschaftsmetaphern:

Beim Analverkehr aktive Männer »besamen«, um zu »schwängern«, anal rezeptive passive Männer lassen sich »schwängern«. Tim Dean (2008) hat ausführlich über die *Bareback*-Kultur und ihre Schwangerschaftssprache geschrieben. Er stellt fest, dass schwule Männer, die Sex ohne Kondom haben, »entdeckt haben, dass sie sich in gewisser Weise ohne Frauen fortpflanzen können. Indem sie einen Virus vermehren, pflanzen sie auch einen Lebensstil fort, eine sexuelle Kultur«, die Dean als durch und durch queer sieht, »definiert durch ihren Widerstand nicht nur gegen heterosexuelle, sondern auch gegen schwule Normen« (Dean 2008, 81; 86). In einem Großteil der schwulen Community, vor allem heute, da sie zunehmend zum homonormativen Mainstream wird, gilt *Barebacking* als Regelverstoß, als sexuell verdächtig und wird daher stigmatisiert.

Kevin fragte sich, ob er seine HIV-Infektion provoziert hatte, um sich für sein Schwulsein zu bestrafen. Diese Erklärung greift jedoch zu kurz. HIV ist ganz klar destruktiv. Unbehandelt führt das Virus zum Tod. Wenn der Analytiker sich jedoch allein auf diese unumstößliche Tatsache konzentriert, übersieht er womöglich unbewusste Motivationen, die nicht destruktiv sind, sondern eher protektive, lebensbejahende Bestrebungen, die sich in einem eine HIV-Infektion provozierenden Sexualverhalten verbergen können. Diese Verhaltensweisen kann man einerseits als den Versuch interpretieren, sich über Personen, die den Mann in seiner Kindheit vaginal kastrieren wollten, hinwegzusetzen, andererseits als das Bemühen um Gender-Inklusivität. Aber wie alle Schutzmaßnahmen haben auch diese ihren Preis.

Trotz all seiner Anstrengungen, sein Offensein zu bewahren, hat Kevin vor den Angriffen auf die Art, wie er seinem Gender Ausdruck verlieh, kapituliert. Er hat sich emotionaler Intimität mit Männern und dem psychischen Eindringen durch andere gegenüber verschlossen. Immer wieder sprach er davon, dass er sich vorkomme wie in einer Blase, angelehnt an den frühen John-Travolta-Film *The Boy in the Plastic Bubble*, in dem ein junger Mann mit einem beeinträchtigten Immunsystem sein

Leben in einem fest verschlossenen Schutzraum verbringt. In einem wiederkehrenden Traum lebte Kevin in solch einem Raum, der so klein war wie ein Sarg. Um hineinzukommen, musste er durch einen gewundenen Gang kriechen, der dem Darmtrakt ähnelte. Das Gefühl in diesen Träumen war klaustrophobisch und bedrückend, und wir verstanden die Traumszenerie als Metapher für den verschlossenen und unzugänglichen Charakter seiner Innenwelt.

Nachdem er endlich seine vaginale Fantasie in einer Sitzung ausgesprochen hatte, begannen wir mehr über seine Fotze zu reden – darüber, wofür sie Raum bot, was sie fühlte und was sie brauchte. Zaghaft enthüllte er mehr über seine sexuellen und masturbatorischen Aktivitäten und verriet mir, dass er dabei war, sein Rektum zu weiten, indem er immer größere Gegenstände einführte. Da ich Kevins Neigung kannte, sich nicht um seine körperliche Gesundheit zu scheren, war ich in Sorge wegen dieser Aktivität und fragte ihn nach den möglichen Risiken. Er erklärte mir das Verfahren und versicherte, dass er sich an die Schritt-für-Schritt-Technik aus Ratgebern für Analdehnung halte. Ich fragte ihn, wie groß groß genug und wie tief tief genug sei. Das würde er wissen, sagte er mir, wenn er dort angekommen wäre. Wo war dort? Ein Ort, so stellte er sich vor, tief im Innern. Ein fest sitzender Ring, den er aufzubekommen versuchte wie ein Türschloss. Und dann? Das konnte er nicht sagen.

Eines Tages erzählte mir Kevin, dass er zu viel Druck ausgeübt und so seinen Darm perforiert hatte. In der Notaufnahme erfuhr er, dass er dem Tod knapp entronnen war. Dann gestand er mir, dass er unter Drogen masturbiert und sich im Dämmerzustand penetriert hatte. Ich war alarmiert. Gleichzeitig war mir klar, dass ich mich nur sehr behutsam weiter vorwagen konnte. Ich wollte nicht in Panik geraten und die Chance vertun, die möglichen Motive für Kevins Sexualverhalten aufzudecken. Erst später wurde mir klar, dass Kevin eine angsterfüllte Reaktion von mir mit der panischen Reaktion seiner Mutter auf seine Weiblichkeit als kleiner Junge gleichgesetzt hätte.

»Das ist eine sehr ernste Sache«, sagte ich Kevin. »Ich mache mir Sorgen um Sie, und ich möchte Sie gerne schützen.«

Ich glaubte zwar, meine Sorge wegen Kevins riskanter Aktivitäten im Griff zu haben, aber sie war dennoch spürbar und wiederholte in der Übertragung-Gegenübertragung die toxische Dynamik zwischen Kevin und seiner Mutter, die er in jungen Jahren erlebt hatte. Meine Bemerkung löste eine Kaskade traumatischer Erinnerungen aus. Leise sagte mir Kevin, dass mein Beschützerinstinkt ihn wütend mache. Jetzt erinnerte er sich daran und begann darüber zu sprechen, dass seine Mutter ihm immer dann, wenn sie Gender-Polizei spielte und sein Verhalten und seine Interessen kontrollierte, erklärte, sie wolle ihn vor öffentlichen Demütigungen beschützen. Sie erlaubte ihm nicht, zu tanzen, zu singen oder zu weinen.

»Sie sagte, sie würde mich beschützen«, sagte Kevin, »aber in Wirklichkeit beschützte sie sich selbst.« Dann erklärte er mir mit leisem Trotz, dass meine Gefühle nicht sein Problem seien und ich ihn nicht von seinen riskanten sexuellen Aktivitäten abhalten könne.

Ich verstand Kevins Worte als eine durch Übertragung bedingte Angst, ich würde wie seine Mutter versuchen, ihn vaginal zu kastrieren. Ich sagte ihm: »Wenn ich sage, dass ich Sie beschützen will, ist das also so wie damals, als Ihre Mutter Ihnen sagte, dass Sie nicht Sie selbst sein dürfen. So, als hätte ich die Macht, Ihnen einen wichtigen Teil von sich wegzunehmen, den Sie nicht verlieren wollen. Können Sie sich vorstellen, ungefährdet und beschützt zu sein, ohne diesen Teil von sich zu verlieren?« Meine Frage sollte meinem Patienten einen Raum öffnen, in dem er sich diesen lebenswichtigen Teil seiner selbst auf eine neue, nicht destruktive Weise bewahren konnte.

Kevin sagte, er sei nicht sicher. Er sprach von Scham, Sex, Bloßstellung und seiner Mutter und sagte: »Was wäre, wenn sie alles über mich wüsste?«

Ich fragte: »Was ist denn das Peinlichste, das sie über Sie wissen könnte?«

Kevin zögerte und erwiderte dann: »Meine Fotze. Wenn Sie jemals von meiner Fotze erführe, würde ich sterben. Sie würde sich furchtbar schämen.«

»Sie würde sich schämen«, sagte ich, »aber Sie sind derjenige, der sterben würde. Wie geht das zusammen?« (Muss jemand sterben, damit Kevins Fotze leben kann?)

Als Kevin nach einer Weile immer noch nicht antwortete, versuchte ich tiefer in ihn zu dringen. Mir schien es, als wären wir schon früher nah an diesem Punkt gewesen, aber noch nie wirklich bis dorthin vorgestoßen. Genau wie Kevin auf seiner Suche nach dem ultimativen inneren Ring. Ich hatte das Bedürfnis, dranzubleiben. Rückblickend halte ich es für möglich, dass ich auch auf Kevins Bedürfnis nach psychischer Penetration reagierte. Ich sagte: »Ich frage mich, ob dieser Teil von Ihnen, den Sie nicht verlieren wollen, der Teil, der lebendig ist, wenn Sie Sex haben – Ihre Fotze –, ob das nicht der Teil von Ihnen ist, der offen und aufnahmefähig ist, der Teil, der sexuell, schöpferisch und abenteuerlustig ist. Und Ihre Mutter wollte nicht, dass Sie eine Fotze haben.«

»Bitte sagen Sie die Wörter *Mutter* und *Fotze* nicht in einem Satz«, entgegnete er. »Das will ich nicht hören.«

In meiner Besorgnis und dem Drang, Kevin in dieser gefährlichen Welt zu erreichen, in der er lebte, wagte ich mich noch weiter vor und sagte: »Vielleicht ist Ihre Fotze größer und mächtiger als die Ihrer Mutter, und Sie haben Angst, Ihre Mutter könnte sich, wenn sie das wüsste, für ihre minderwertige Fotze schämen und Sie um die Ihre beneiden.«

Das Zimmer schien sich um die eigene Achse zu drehen. War ich zu weit gegangen? Ich hielt die Luft an. Dann atmeten wir beide aus. Zum ersten Mal räumte Kevin ein, dass seine Mutter sexuell verklemmt war, er hingegen sei ein richtiger Sex-Dynamo, die Art Partner, mit der seiner Meinung nach sein Vater seinen Spaß hätte. Nachdem er diese schwierigen Verbindungen geknüpft hatte, klagte Kevin über Kopfschmerzen und sagte mir, dass ihm meine Interpretationen zu viel seien. Ich räumte ein, dass ich vielleicht »zu schnell und zu heftig« in ihn gedrungen sei.

Insgeheim hoffte ich, dass die Metapher bei ihm ankäme und er imstande sein würde, das Material zu verarbeiten.

Nach und nach schränkte Kevin seine riskanten sexuellen Aktivitäten ein. Er nahm an einem Zwölf-Schritte-Programm teil und hörte mit den Drogen auf, auch wenn er gelegentlich rückfällig wurde. Er begann sich dafür zu interessieren, was zwischen ihm und der sexuellen Intimität mit seinem Partner stand. Und er berichtete von einem neuen Traum. In diesem wohnte er in einem riesigen, weiträumigen Loft, weiß gestrichen und erfüllt von Sonnenlicht. Er liebte diesen Raum und fühlte sich dort frei. Der Raum erinnerte uns beide an seinen wiederkehrenden Traum von der winzigen, beengten Kammer, die ihm wie ein Sarg vorkam. Über den neuen Loft-Traum sagte er: »So fühle ich mich jetzt im Innern. Als hätte ich dort Platz, mich zu bewegen und zu atmen.«

Schlusswort

Über ein Jahrhundert lang hat die Psychoanalyse Transsexualität als Krankheit betrachtet, als Psychose, Zwang, narzisstische Störung, Borderline-Symptom und Hysterie, als Kompromissbildung, die entwickelt wird, um das Ich sowohl vor der Trennung von der Mutter als auch vor dem Verschmelzen mit ihr zu schützen, eine Methode, Aggression, Homosexualität und Kastration zu verdrängen (Hansbury 2017). Erst in den letzten Jahren haben Analytiker sich darangemacht, Transgender-Erfahrungen zu depathologisieren (siehe z. B. Saketopoulou 2014, Goldner 2011, Gozlan 2011, Elliot 2001). Mein Augenmerk liegt nicht auf der Ätiologie von Trans-Identitäten oder -Phänomenen. Ich bin ganz bei Corbett (2001, 325), wenn er sagt, er lasse sich »von der Frage leiten: ›Wie ist Homosexualität?‹ (welche Bedeutung und welche Auswirkungen hat sie), und nicht von […] der undurchdachten ätiologischen Fragestellung ›Warum Homosexualität?‹ (welchen Grund, welche Ursache, welches Motiv oder welchen Zweck hat sie)«. Entsprechend bin ich überzeugt, dass wir Transgender-Patienten – und letztlich auch Cisgender-Patienten – am besten helfen können, wenn wir uns von der Frage »Wie ist Transgender?« und nicht »Warum Transgender?« leiten lassen. Damit will ich nicht die Suche nach genetischen Faktoren abwerten (obwohl man einräumen muss, dass wir Cisgender- und heterosexuelle Patienten nicht auffordern, nach der Ursache für ihre Orientierung zu schürfen, es von queeren Patienten aber meist erwarten). Meiner Meinung nach geht es oft auf Kosten positiver Therapieergebnisse, wenn wir uns ausschließlich – oder auch nur vorwiegend – auf ätiologische Fragen verlassen. Wenn das Denken des Analytikers vor allem damit beschäftigt ist, die Ursachen für das Verhalten eines Patienten zu ergründen, besteht das Risiko, dass sich in der Übertragung/Gegenübertragung der Bruch in der ursprünglichen Objektrelation wiederholt, während meiner Meinung nach das maximale therapeutische Potential in der heilenden Wirkung einer neuen Beziehungserfahrung liegt.

Für Patienten wie Kevin ist das Problem nicht die Fotze. Das Problem ist nicht der Teil des Selbst, der mädchenhaft wirkt: Puppen und Küsschen, Empfänglichkeit, Offenheit und physische Körperöffnungen, die etwas aufnehmen, sich dehnen und mit neiderregender Größe protzen können. Das Problem liegt in den Beziehungen. Was soll aus der Vaginalität eines *girlyboys* in einer Kultur werden, die Weiblichkeit und Empfänglichkeit permanent diskreditiert – ebenso wie nicht binäre Gender-Ausdrucksweisen? Zu welchen Mitteln muss ein Mann greifen, um diesen Teil seiner selbst am Leben zu erhalten?

Ich denke jetzt an einen anderen HIV-positiven schwulen männlichen Cisgender-Patienten, der zwar nicht das Wort *Fotze* benutzt, aber auf ähnliche Weise seine Vaginalität verborgen hat, voller Scham und Heimlichkeit. Dieser Patient, ich nenne ihn Jacob, hat mich, wie viele andere Patienten es tun, gegoogelt und herausgefunden, dass ich Transgender bin. Nachdem wir mehrere Sitzungen lang über seine Reaktion darauf gesprochen hatten, vertraute er mir eine Geschichte über heimliche Momente seiner Kindheit an, als er, allein zu Hause, in die Kleider und

High Heels seiner Mutter schlüpfte. Er zögerte, mir von diesen Spielen zu erzählen, weil er fürchtete, ich könnte ihn fälschlicherweise als Transgender definieren. Er wollte nicht, dass ich sein Gender ebenso konkretisierte, wie ich – seiner Meinung nach – das meine konkretisiert hatte.

»Wenn meine Mutter davon wüsste«, erklärte er seine Verkleidungsspielchen, »würde sie bloß denken, dass ich ein Mädchen sein will. Für sie gibt es nur schwarz und weiß.« (Da klingt wieder das »Alle schwulen Männer wollen nur Mädchen sein« durch.)

Und wie sah es bei mir aus? Er wusste es nicht recht. Wir sprachen über eine beliebte Drag-Veranstaltung und fantasierten darüber, wie es wohl wäre, daran teilzunehmen. Ich fragte Jacob, was für Schuhe er dabei tragen würde.

»Himmelhohe Stöckelschuhe«, sagte er und beschrieb ein eindrucksvolles Paar Stilettos.

»Und was für Schuhe würde ich anziehen?«, fragte ich und brachte damit meine eigene Körperlichkeit in dieses imaginierte Verkleidungsspiel ein.

Er zögerte. Ich wusste aus vorangegangenen Sitzungen, dass Jacob sich zwar manchmal danach sehnte, mich als mütterlichen Vater zu erleben, aber gleichzeitig fürchtete, diese Sehnsucht könnte meine Transmaskulinität beleidigen oder beschädigen. Konnte man in der Gegenwart eines anderen mit dem Gender spielen? Oder ging das nur in einsamen Momenten hinter verschlossener Tür? Insgeheim malte ich mir mich in High Heels aus und erinnerte mich daran, dass ich nie besonders gut darin laufen konnte. Ich konnte mir vorstellen, dass Jacob in seinen Stöckelschuhen behender und eleganter laufen würde als ich jemals in meinen.

»In High Heels kann ich nicht gut gehen«, brach ich das Schweigen. »Ich würde vermutlich vernünftige Schuhe anziehen, zum Beispiel flache Pumps.«

Jacob fand es brüllend komisch, sich mich in vernünftigen Pumps vorzustellen. Wir lachten zusammen: eine gemeinsame Erleichterung und ein gemeinsames Vergnügen. Seine Körperhaltung veränderte sich. Er entspannte sich, und zwar mehr, als ich es je bei ihm gesehen hatte, und er redete temperamentvoll und lebhaft gestikulierend über die Kreativität und den überbordenden Exhibitionismus seiner Kindheit, den Teil seiner selbst, den er versteckte, den Teil, der »Mädchentänze« vor dem Spiegel vollführte, wenn keiner zu Hause war. Während er sprach, konnte ich sehen, wie sein verlorener *girlyboy* in Erscheinung trat, sein Gesicht erhellte und seine Gliedmaßen mit etwas Flüssigem und Lebendigem durchströmte. Ein Gefühl der Freude erfüllte den Raum und blieb noch eine ganze Weile da, auch als unsere Sitzung bereits beendet war, wie ein freundlicher Geist, der nicht wieder in die Dunkelheit zurückwollte.

In allen gegenderten Körpern spukt irgendetwas. In ihnen wohnen geschlechtliche Teile, die noch nicht ganz losgelöst, noch nicht völlig erkannt sind. Transgender-Personen sind nicht die Einzigen, die unter Gender-Dysphorie leiden, wenn wir *Dysphorie* definieren als ein Gefühl des Unwohlseins, der Unbefriedigung oder Ruhelosigkeit in den Grenzen der Gender-Rolle und des körperlichen Geschlechts, die einem zugewiesen wurden. Ebenso wie Therapeuten Transgender-Patienten dabei helfen sollten, die Gender-dysphorischen Aspekte ihres Körpers zu mentalisieren und zu metabolisieren (Saketopoulou 2014), müssen sie auch Cisgender-Patienten dabei helfen, sich Aspekte ihres Körpers, die sie als Gender-dysphorisch empfinden, psychisch bewusst zu machen. Viele Männer, die keine Vagina haben, spüren womöglich diesen Mangel, ohne jedoch davon zu wissen. Damit sie davon wissen können, muss das maskuline Vaginale erst einmal vorstellbar sein. Ich hoffe, dass dieser Text diesen Denkprozess fördert. Indem der Therapeut seine eigene *transgender edge* erkennt, kann er Kontakt zur *transgender edge* des Patienten aufnehmen und so einen Raum öffnen, in dem das maskuline/männliche Vaginale entdeckt, mentalisiert und wieder ins Selbst integriert werden kann, von dem es einst (teilweise) abgetrennt wurde – durch Personen, die den Patienten in früher Kindheit kastriert haben, und durch ihn selbst in dem Bemühen, die Bindungen zu seinen Primärobjekten zu bewahren. Auf diese Weise helfen wir unseren Patienten, in ihrem Körper und ihrem Gender inklusiver und integrierter zu werden.

Literatur

Aron, L. (1995): The Internalized Primal Scene. In: Psychoanalytic Dialogues 5, 195–237.

Blanco, R. (2012): Making a Man out of Me. In: Who's Yer Daddy: Gay Writers Celebrate Their Mentors and Forerunners. Hg. v. J. Elledge/D. Groff. Madison: University of Wisconsin Press, 32–36.

Boehm, F. (1930): The Femininity-Complex in Men. In: International Journal of Psychoanalysis 11, 444–469.

Botticelli, S. (2010): Thinking the Unthinkable: Anal Sex in Theory and Practice. In: Studies in Gender & Sexuality 11, 112–123.

Corbett, K. (1993): The Mystery of Homosexuality. In: Psychoanalytic Psychology 10, 345–357.

Corbett, K. (1996): Homosexual Boyhood: Notes on Girlyboys. In: Gender & Psychoanalysis 1, 429–461.

Corbett, K. (2001): More Life. In: Psychoanalytic Dialogues 11, 313–335.

Dean, T. (2008): Breeding Culture: Barebacking, Bugchasing, Giftgiving. In: Massachusetts Review 49, 80–94.

Elise, D. (2001): Unlawful Entry: Male Fears of Psychic Penetration. In: Psychoanalytic Dialogues 11, 499–531.

Elliot, P. (2001): A Psychoanalytic Reading of Transsexual Embodiment. In: Studies in Gender & Sexuality 2, 295–325.

Fast, I. (1978): Developments in Gender Identity: The Original Matrix. In: International Review of Psychoanalysis 5, 265–273.

Fogel, G. I. (1998): Interiority and Inner Genital Space in Men: What Else can be lost in Castration. In: Psychoanalytic Quarterly 67, 662–697.

Freud, S. (1905): Three Essays on the Theory of Sexuality. SE VII, 130–243. Dt. (1905): Drei Abhandlungen zur Sexualtheorie. GW V, 29–145.

Freud, S. (1920): The Psychogenesis of a Case of Homosexuality in a Women. SE XVIII, 145–172. Dt. (1920): Über die Psychogenese eines Falles von weiblicher Homosexualität. GW XII, 271–302.

Giles, D. (1977): Pornographic Space: The Other Place. In: Film: Historical-Theoretical Speculations. The 1977 Film Studies Annual, Part Two. Hg. v. B. Lawton/J. Staiger. Pleasantville, NY: Redgrave, 52–66.

Goldner, V. (2011): Gender in Free Fall. In: Psychoanalytic Dialogues 21, 153–158.

Gozlan, O. (2011): Transsexual Surgery: A Novel Reminder and a Navel Remainder. In: International Forum of Psychoanalysis 20, 45–52.

Guss, J. R. (2010): The Danger of Desire: Anal Sex and the Homo/Masculine Subject. In: Studies in Gender & Sexuality 11, 124–140.

Hansbury, G. (2011a): King Kong and Goldilocks: Imagining Transmasculinities through the Trans-Trans Dyad. In: Psychoanalytic Dialogues 21, 210–220.

Hansbury, G. (2011b): Trans/Virtual: The Anxieties of Transsexual and Electronic Embodiments. In: Journal of Gay & Lesbian Mental Health 15, 1–10.

Hansbury, G. (2017): Unthinkable Anxieties: Reading Transphobic Countertransferences in a Century of Psychoanalytic Writing. Transgender Studies Quarterly 4, 384–404.

Horney, K. (1926): The Flight from Womanhood: The Masculinity-Complex in Women, as viewed by Men and by Women. In: International Journal of Psychoanalysis 7, 324–339.

Juul, J. (2009): Suck my Manhole: Porn God Buck Angel Talks FTM Realness. In: San Francisco Bay Guardian Online, February 11.

Klein, M. (1957): Envy and Gratitude. In: Envy and Gratitude and Other Works, 1946–1963. London: Hogarth Press, 176–235.

Kubie, L. S. (1974): The Drive to Become Both Sexes. In: Psychoanalytic Quarterly 43, 349–426.

Lacan, J. (1993): The Seminar: Book III, The Psychoses, 1955–1956. London: Routledge. Dt. (1981): Die Psychosen. Das Seminar, Buch III. Hg. v. M. Turnheim. Wien: Verlag Turia + Kant.

Lacan, J./Granoff, W. (1956): Fetishism: The Symbolic, the Imaginary and the Real. In: Perversions: Psychodynamics and Therapy. Hg. v. S. Lorand/M. Balint. New York: Gramercy Publishing, 265–276.

Langer, S. J. (2014): Our Body Project: From Mourning to Creating the Transgender Body. In: International Journal of Transgenderism 15, 66–75.

Mayer, E. L. (1985): Everybody must be just like me: Observations on Female Castration Anxiety. In: International Journal of Psychoanalysis 66, 331–337.

Prosser, J. (1998): Second Skins: The Body Narratives of Transsexuality. New York: Columbia University Press.
Ramachandran, V.S./McGeoch, P.D. (2008): Phantom Penises in Transsexuals: Evidence of an Innate Gender-Specific Body Image in the Brain. In: Journal of Consciousness Studies 15, 5–16.
Saketopoulou, A. (2014): Mourning the Body as Bedrock: Developmental Considerations in Treating Transsexual Patients Analytically. In: Journal of the American Psychoanalytic Association 62, 773–806.
Saketopoulou, A. (2015): This Compromise Formation that is Gender: Countertransferential Difficulties in Cis Analysts Working with Trans Analysands. Paper presented at the Congress of the International Psychoanalytical Association, Boston, July 24.
Salamon, G. (2010): Assuming a Body: Transgender and Rhetorics of Materiality. New York: Columbia University Press.
Shelby, R.D. (2002): About Cruising and Being Cruised. In: Rethinking Psychoanalysis and the Homosexualities. Hg. v. J. Winer/J.W. Anderson/B. Cohler/D. Shelby. Hillsdale, NJ: Analytic Press, 191–208.
Shernoff, M. (2006): Condomless Sex: Gay Men, Barebacking, and Harm Reduction. In: Social Work 51, 106–113.
Tarpley, H. (1993): Vagina Envy in Men. In: Journal of the American Academy of Psychoanalysis & Dynamic Psychiatry 21, 457–464.
Xtraonline (2010): Trans Pornstar Buck Angel on his Vagina, Gay Fans, and Feminism. June 28.

Griffin Hansbury, 80 East 11th Street, Suite 301-A, New York, NY 10003, USA, ghansbury@earthlink.net

Übersetzt aus dem Englischen von Tina Hohl, Osterstraße 57, 20259 Hamburg, tina_hohl@magicvillage.de

Das maskuline Vaginale – Jenseits der Dichotomie ›männlich/weiblich‹

*Leticia Glocer Fiorini**

Hansburys Beitrag stellt sowohl aus klinischer als auch aus theoretischer Sicht mehrere interessante Aspekte vor und gibt dadurch Anlass zu notwendigen Debatten in der Psychoanalyse. Es wäre unmöglich, sie in diesem Kommentar alle zu behandeln, weil sie sich auf unterschiedliche Betrachtungsebenen beziehen, also werde ich einige Aspekte herausgreifen, auf die ich mich konzentriere.

Als Erstes werde ich auf eine Reihe von Theorien und logische Kategorien aufmerksam machen, die die klinische Arbeit des Autors unterstützen und sich zudem insbesondere auf das psychoanalytische Hören beziehen.

* Leticia Glocer Fiorini ist Lehr- und Kontrollanalytikerin der *Argentine Psychoanalytic Association* (APA), deren Präsidentin und Vorsitzende sie war. Sie ist Ko-Vorsitzende für Lateinamerika im IPA-Ausschuss *Studies on Sexual and Gender Diversity* und Professorin des Masterstudiengangs der Universität Buenos Aires. Sie ist Autorin zahlreicher Bücher und Beiträge, insbesondere zu den Themen Weiblichkeit, Mutterschaft und der Vielfalt von Sexualität und Gender, u. a. *Deconstructing the Feminine: Psychoanalysis, Gender and Theories of Complexity* (Karnac 2007) und *Sexual Difference in Debate: Bodies, desires and Fictions* (Karnac 2017).

49

Aus theoretischer Sicht möchte ich den Vorschlag des Autors hervorheben, die ›transgender edge‹ auch bei Cisgender-Personen anzusiedeln, statt diese Kategorie auf die verkörperte Erfahrung von Transgender-Personen zu beschränken. Ich stimme diesem Vorschlag zu, mit dem ich seit vielen Jahren in Bezug auf das Gebiet des Weiblichen und auf das der sexuellen und genderspezifischen ›Migration‹ arbeite. Meiner Meinung nach impliziert diese Perspektive mindestens zwei Aspekte: Einerseits handelt es sich um ein anderes Denkmodell, das über die klassischen Dichotomien (männlich/weiblich, phallisch/kastriert) hinausgeht. Andererseits wird der Begriff der ›transgender edge‹ nicht auf eine Gruppe von Menschen (Trans) reduziert, sondern umfasst generell Prozesse der Subjekt-Werdung. Mit anderen Worten, dieses Denkmodell bietet eine andere epistemologische Perspektive an, um über die Konstruktion von Subjektivität nachzudenken. Es führt über die klassischen Dualismen hinaus. An dieser Stelle möchte ich klarstellen, dass es meiner Meinung nach binäre Polaritäten in der Sprache, Kultur und Subjekt-Werdung gibt, die nicht ignoriert werden können. Es geht darum, diese binären Polaritäten in eine höhere Komplexität einzubinden. Ein anderer Ansatz, ein anderes Logikmodell ist erforderlich, um diese Probleme bearbeiten zu können (Glocer Fiorini 1998; 2007; 2017).

Es gibt einen Ansatz in der Psychoanalyse, der die durch das dichotome Denken hervorgerufenen Hindernisse betont und andere Perspektiven vorschlägt. Er beginnt mit Freud (1923; 1924; 1925) und ergänzenden Schriften und umfasst die Vielzahl der Fantasien und Identifikationen sowie den gesamten Ödipuskomplex. Diese Ansätze verbinden sich mit der fehlenden Übereinstimmung zwischen der klassischen ödipalen Lösung und den vielfältigen Wegen des Begehrens. Darüber hinaus bestätigt die Freud'sche Auseinandersetzung mit der triadischen Konstruktion von Subjektivität in dem Falle der jungen homosexuellen Frau (Freud 1920) ein komplexeres Denkmodell. Dieser Ansatz geht über das binäre Denken hinaus und bezieht Winnicott (1959) mit dem *Übergangsraum*, sowie seine Vorstellungen von Weiblichkeit bei Männern ein. Weiter sind zu nennen Green (2005) und seine Arbeit über die »Grenze«, die Barangers und ihr *Konzept des analytischen Feldes* (1961), Ogden (1994) und *das analytische Dritte* und viele weitere Autoren.

Zweifellos koexistiert diese Linie in der Psychoanalyse mit einer anderen, die einen dualistischen Gedanken zugrunde legt. Auch sie ist Teil der gegenwärtigen Debatten in diesem Bereich. Dabei ist zu betonen, dass das Denken in »Limes« (Grenzen) (Trías 1991), die Grenze nicht notwendig als Trennlinie im Negativen betrachten muss. Eine Grenze kann auch einen Raum mit eigenen Gesetzen auszeichnen, die von den klassischen Dualismen abweichen. In diesem Sinne überschreitet auch die hier genannte zweite Linie die klassischen Konzepte. Hansburys Vorschlag in *Das maskuline Vaginale* möchte ich in diesen Zusammenhang stellen und seinen Ansatz unterstreichen, über die traditionellen Dualismen hinauszugehen.

Sich der Konstruktion der Subjekt-Werdung anzunähern, bedeutet, sich mit ihrer Komplexität auseinanderzusetzen. Dies kann durch philosophisches Denken und andere interdisziplinäre Studien unterstützt werden. In diesem Zusammenhang lohnt es sich, Deleuze, Trías, Morin, Prigogine und ihre Anregungen zu diesem Thema zu lesen. Sie beeinflussen das zeitgenössische Denken stark. Die Psychoanalyse ist von diesen Einflüssen nicht ausgenommen.

Meine Gedanken zu diesen Themen führten mich zu der Annahme, dass der Kern einer Theorie ihre Achse bildet und damit schwer zu diskutieren ist – so auch bei der Psychoanalyse. Es sind die Grenzen, Ränder, Kanten (*edges*) jeder Theorie, an denen es möglich ist, die zentralen Punkte für die Konstruktion von Subjektivität zu überdenken.

Wie gesagt, ordne ich Hansburys Beitrag diesen Ansätzen zu, da er diese Komplexität im Hinblick auf die klinische Praxis bearbeitet und etablierte theoretische Elemente überdenkt. Ich ziele darauf ab, die impliziten Metatheorien herauszuarbeiten, die ich für wesentlich halte, um für die zeitgenössische Psychoanalyse Zukunftsperspektiven zu entwerfen.

Zweitens möchte ich mich auf den Vorschlag des Autors zu ›dem Vaginalen‹ im Gegensatz zu ›dem Phallischen‹ beziehen. Hansbury untersucht die Beziehung zwischen Männern und ›dem Vaginalen‹, materialisiert und in der Fantasie. Während der Autor unterschiedliche Bedeutungen für ›das Vaginale‹ beleuchtet, betont er, dass dieser Begriff auf einen spezifischen symbolischen Bezugsrahmen verweist. Er hebt hervor, dass es ihm nicht um die Vagina *an sich* geht, sondern um das symbolische Gegenstück zum Phallus. Im Laufe der Arbeit sehen wir jedoch, dass ›das Vaginale‹, in Verein mit dessen symbolischem Charakter, mit dem Weiblichen gleichgesetzt wird, und zwar über formale anatomische Eigenschaften ebenso wie über Bezüge auf Innerlichkeit, Empfänglichkeit, Offenheit und expressive sowie emotionale Eigenschaften. Auch aktive Aspekte werden hinzugefügt. Ebenso wird es mit analen Erfahrungen gleichgesetzt, obwohl der Vorschlag eigentlich dahin geht, ›dem Vaginalen‹ eine weitere Bestimmung und Bedeutung zu geben. Diese Multiplizität deutet schon die Vielfalt der beteiligten Ebenen an.

Obwohl der Autor den symbolischen Charakter des ›Vaginalen‹ unterstreicht, birgt die Benennung ›das Vaginale‹ meiner Meinung nach die Gefahr in sich, wieder in die zuvor genannten Dichotomien zurückzufallen. Wir sollten uns fragen, ob es darum geht, die Bezeichnung ›das Vaginale‹ einzuführen oder eher darum, Funktionen und Empfindungen im Zusammenhang mit der Analerfahrung als solcher anzuerkennen, ohne sie mit dem Weiblichen gleichsetzen zu müssen. Weiblichkeit und ›das Weibliche‹ sind Begriffe, die dekonstruiert werden müssen (Glocer Fiorini 2007). Dabei sollte die Tatsache berücksichtigt werden, dass die Zuschreibung von Qualitäten, Stereotypen und traditionellen Merkmalen die notwendige Aufgabe der Dekonstruktion/Neukonstruktion verhindern kann.

Hansburys Stoßrichtung geht dahin, bei Männern (cis oder trans) oder in der sogenannten Männlichkeit Aspekte zu erkennen, die in der eigenen erotischen Erfahrung verleugnet, ignoriert oder abgelehnt werden. Das hat auch Winnicott hervorgehoben und diesen Punkt gilt es zu bewahren. Er stellt – von den Rändern (*edges*) her – die Existenz einer starken, uneinnehmbaren Männlichkeit ohne ›Schwäche‹ infrage. Dieses Thema spielt in vielen Beratungen von Männern, unabhängig von ihrer sexuellen Orientierung oder ihren Gender-Konflikten, eine Rolle.

Mit anderen Worten, während der Beitrag wichtige Aspekte erkennt, die bei Männern – cis oder trans – üblicherweise als ›weiblich‹ bezeichnet werden, entweder in emotionaler oder verkörperter Hinsicht, läuft er meiner Meinung nach Gefahr, die Dichotomie weiblich/männlich zu bekräftigen. Ich glaube, so wie es notwendig ist, ›den Phallus‹ zu dekonstruieren, sowohl in seiner Bedeutung im Hinblick auf Macht als auch in seiner Funktion als grundlegender Signifikant von Mangel (›lack‹) und Begehren, muss auch das Weibliche auf allen Ebenen dekonstruiert werden. Nur eine dekonstruktive Arbeit kann zu neuen, nicht axiomatischen Konstruktionen führen. In meiner Auffassung heben die Großbuchstaben [in *the Vaginal/the Phallic*, Anm. der Übersetzerin] die manichäischen Aspekte dieser Kategorien hervor, und das ist eine Gefahr, die es zu berücksichtigen gilt.

Der dritte interessante Punkt ist Hansburys Vorschlag einer *vaginalen Kastrationsangst*. Meiner Auffassung nach erfordert diese Annahme eine Unterscheidung zwischen realer, imaginärer und symbolischer Kastration (Lacan 1998). Die symbolische Kastration ist ein Hinweis auf Unvollständigkeit, auf Grenzen, auf eine Zunahme des Narzissmus, und das bezieht sich auf beide Geschlechter. In diesem Sinne, nicht in Bezug auf die vaginale oder phallische Kastration, betone ich die Notwendigkeit, eine imaginäre und symbolische Kastration zu unterscheiden.

Abschließend möchte ich in meinem Kommentar noch auf einen weiteren Punkt eingehen, nämlich auf den klinischen Umgang mit Aspekten der Übertragung/Gegenübertragung. In der Übertragungsbeziehung erscheint ein Zugang zu Kevins Kindheitsgeschichte und zu der Unterdrückung der erogenen, emotional ›weiblichen‹ Aspekte in der Beziehung zu seiner Mutter. In diesem Zusammenhang betont der Analytiker den Wert des reparativen Durcharbeitens mit dem Ergebnis einer neuen Beziehungserfahrung.

Ein weiterer Punkt, der es wert ist, durchdacht zu werden, ist der, ob der queere Status des Analytikers ein feineres und aufmerksameres Hören bei bestimmten Themen ermöglicht. Ich gehe zunächst davon aus, dass es so ist. Meiner Meinung nach hängt das Hören in der Psychoanalyse nicht nur von der Fähigkeit zur gleichschwebenden Aufmerksamkeit ab, sondern auch davon, mit welchen Theorien der jeweilige Analytiker vertraut ist. Dazu kommen unsere eigenen Lebenserfahrungen, sofern sie mit beweglichen, für zeitliche Änderungen offenen Theorien verarbeitet werden. Die Sensibilität und Emotionalität des Analytikers sollten ebenfalls einbezogen werden. In meinem Verständnis bringt der Autor all diese Variablen ins Spiel. Ich glaube jedoch auch, dass es allen Analytikern, sofern sie nicht in starren Theorien und Logiken gefangen sind, unabhängig von ihrer sexuellen Orientierung, cis oder trans, auf der Basis ihrer eigenen persönlichen Analyse möglich ist, eine tragfähige Verbindung einzugehen und eigene Überzeugungen und Ideologien (die immer vorhanden sind) zu überprüfen und zu verändern. Dies impliziert, so der Autor, die ›transgender edge‹ in jedem Analytiker zu erkennen. Zweifellos ist das analytische Hören nicht unabhängig von den Grenzen der jeweiligen Wahrnehmung und des zeitgebundenen Wissens. Es ist auch nicht unabhängig von den in allen binären Beziehungen auf dem Spiel stehenden Machtverhältnissen, wie es bei der androzentrischen Vorstellung der sexuellen Differenz und der Polarität zwischen Mann und Frau der Fall ist. Diese Variablen markieren die Komplexität, die in die Konzeptualisierung eines klinischen Falles hineinspielt.

Ich betrachte Hansbury Beitrag als einen offenen Vorschlag, der es Psychoanalytiker*innen ermöglicht, in gegenwärtige Debatten einzusteigen. Meiner Meinung nach sollte das Ziel darin bestehen, hier eine Spannung zu halten, ohne schnelle Schlüsse zu ziehen. Letztendlich weist dies auf die Notwendigkeit einer offenen und durchlässigen Konzeption der Psychoanalyse hin, damit diese sich den Herausforderungen der heutigen Welt zuwenden kann.

Literatur

Baranger, M./Baranger, W. (1961/1962): La situación analítica como campo dinámico. In: Revista Uruguaya de Psicoanálisis 4 (1), 3–54. Dt. (2018): Das analytische Feld als dynamisches Feld. In: Psyche 72, 739–784.

Deleuze, G. (1995): Conversaciones 1972–1990. Valencia: Pre-textos. Dt. (1993): Unterhandlungen 1972–1990. Berlin: Suhrkamp.

Freud, S. (1920): The Psychogenesis of a Case of Homosexuality in a Woman. SE XVIII, 145–172. Dt. (1947): Über die Psychogenese eines Falles von weiblicher Homosexualität. GW XII, 271–302.

Freud, S. (1923): The Ego and the Id. SE XVIIII, 1–66. Dt. (1923): Das Ich und das Es. GW XIII, 237–289.

Freud, S. (1924): The Dissolution of the Oedipus Complex. SE XIX, 171–180. Dt. (1940): Der Untergang des Ödipuskomplexes. GW XIII, 395–402.

Freud, S. (1925): Some Psychical Consequences of the Anatomical Distinction between the Sexes. SE XIX, 241–258. Dt. (1948): Einige psychische Folgen des anatomischen Geschlechtsunterschieds. GW XIV, 19–30.

Freud, S. (1931): Female Sexuality. SE XXI, 221–244. Dt. (1948): Über die weibliche Sexualität. GW XIV, 517–537.

Glocer Fiorini, L. (1998): The Feminine in Psychoanalysis: A Complex Construction. In: Journal of Clinical Psychoanalysis 7, 421–439.

Glocer Fiorini, L. (2007): Deconstructing the Feminine. Psychoanalysis, Gender and Theories of Complexity. London: Karnac.

Glocer Fiorini, L. (2017): Sexual Difference in Debate: Bodies, Desires and Fictions. London: Karnac.

Green, A. (2005): Key Ideas for a Contemporary Psychoanalysis. London: Routledge.

Lacan, J. (1998): Encore, On Feminine Sexuality: The Limits of Love and Knowledge. New York: W. W. Norton.

Morin, E. (1995 [1990]): Introducción al pensamiento complejo. Barcelona: Gedisa. Franz. (1990): Introduction à la pensée complexe. Paris: Ed. du Seuil.

Ogden, T. (1994): The Analytic Third: Working with Intersubjective Clinical Facts. In: International Journal of Psychoanalysis 75, 3–19.

Prigogine, I. (1996 [1988]): El tiempo y el devenir. Barcelona: Gedisa. Dt. (1992): Vom Sein zum Werden. München/Zürich: Piper.

Trías, E. (1991): Lógica del límite. Barcelona: Destino.

Winnicott, D.W. (1989 [1959]): The Fate of the Transitional Object. In: Psychoanalytic Explorations. Hg. v. dems./C. Winnicott/M. Davis. Cambridge, MA: Harvard University Press, 53–58.

Leticia Glocer Fiorini, Zapiola 1646, Piso 2, CABA (1426), Buenos Aires, Argentina, lglocerf@intramed.net

Übersetzung aus dem Englischen von Dr. Uta Zeitzschel, Rappstr. 16, 20146 Hamburg, uta.zeitzschel@dpv-mail.de

Über die ›Transgender Edge‹ und das Versagen der Psychoanalyse, ›Trans‹ zu denken

Dana Amir*

Hansburys wichtige Errungenschaft in seinem Beitrag geht weit über den konkreten Hinweis auf die Existenz einer männlichen Vagina (sowie der vaginalen Kastrationsangst bei Männern) hinaus: Er stellt die grundlegenden Grenzen des Gender-Denkens in Frage, indem er einen Vorschlag macht, der auch viele andere Konzepte herausfordern kann. So kann man nicht nur von einer männlichen Vagina sprechen, sondern auch von einem männlichen Busen und einer männlichen Gebärmutter. Hansbury schlägt vor, die fragliche Funktion (Empfänglichkeit, Innerlichkeit) von dem eigentlichen Organ, das sie verkörpert, zu trennen

---

* Dana Amir, PhD, ist klinische Psychologin, Lehr- und Kontrollanalytikerin der *Israelischen Psychoanalytischen Gesellschaft*, Fakultätsmitglied der *Haifa University* und Leiterin des interdisziplinären Doktorandenprogramms in Psychoanalyse, Herausgeberin von *Maarag – The Israel Annual of Psychoanalysis* (Hebrew University), Dichterin und Literaturwissenschaftlerin. Sie ist Autorin mehrerer Bücher und Beiträge, die in verschiedenen psychoanalytischen Zeitschriften, u.a. im *International Journal of Psychoanalysis* publiziert wurden.

bzw. die Verbindung zwischen der symbolischen Bedeutung und dem konkreten Körper ›aufzuheben‹. Auf diese Weise kann jedes Subjekt über die gesamten weiblichen und männlichen Funktionen verfügen und verschiedene Beziehungen zwischen ihnen erleben. Man denke zum Beispiel an den homosexuellen Verkehr zwischen einem Mann und einer Frau oder an den heterosexuellen Verkehr zwischen zwei Frauen oder zwei Männern; man denke an einen Mann, der sein Baby stillt, und an eine Frau, die ihr Kind mit Kastrationsangst schlägt.

Salamon (2010, 151), zitiert von Hansbury (29), schreibt: »Wenn man sexuelle Unterschiede in anderen als binären Begriffen betrachtet, kann diese Kategorie so aus der ›natürlichen‹ Materialität gelöst werden, dass es leichter wird, der Versuchung zu widerstehen, die genitale Morphologie als wesentliche Determinante des Selbst zu betrachten.«

Hansbury (18 f.) behauptet in diesem Zusammenhang, dass die transsexuelle Verkörperung oft eine Phantomisierung beinhaltet und dass selbst viele Transmänner ohne eine rekonstruktive genitale Operation über die gefühlte Erfahrung, einen Penis zu besitzen, berichten. Phantomisierung ist in der Tat Teil aller Sexualitäten, nicht nur der Transsexueller. Auch in der heterosexuellen Sexualität und im Cisgender-Kontext ist Phantomisierung weit verbreitet, u. a. bei Menschen, die sich selbst als Träger solcher Organe erleben, die es in ihrem konkreten physischen Raum nicht gibt: Frauen, die sich selbst als Penisträger, Männer, die sich selbst als penetrierbar erleben. Phantomisierung ist tatsächlich Teil jeder Gender-Erfahrung, nicht nur Teil jeder sexuellen Erfahrung: Ein Mann, der sein Baby hält, kann manchmal spüren, wie sich seine Brüste mit Milch füllen; eine wütende Frau kann sich fühlen, als würde sie auf jemanden ›in einem Bogen urinieren‹, den sie demütigen will. Wenn das Geschlecht vom tatsächlichen Körper getrennt werden kann, gibt es verschiedene Variationen der ödipalen Phase: zum Beispiel eine, in der der Junge den Wunsch hat, seinen Vater zu erobern, oder eine, in der sich das Mädchen mit seinem Vater identifiziert, und so weiter. Auch wenn wir die klassischen Konzepte selbst nicht in Frage stellen, können (und sollten) wir uns eine viel breitere, viel flexiblere Karte der möglichen Realisierungen dieser Konzepte vorstellen. Die Frage ist daher in einem solchen Fall nicht »ob Ödipus?«, sondern »wie Ödipus?«. Das bedeutet: In welcher Weise präsentiert sich der Ödipuskomplex in diesem einzigartigen Menschen?

Hansbury schreibt in einem etwas anderen Kontext:

> Mein Augenmerk liegt nicht auf der Ätiologie von Trans-Identitäten oder -Phänomenen. Ich bin ganz bei Corbett (2001, 325), wenn er sagt, er lasse sich »von der Frage leiten: ›Wie ist Homosexualität?‹ (welche Bedeutung und welche Auswirkungen hat sie), und nicht von […] der undurchdachten ätiologischen Fragestellung ›Warum Homosexualität?‹ (welchen Grund, welche Ursache, welches Motiv oder welchen Zweck hat sie)«. (Hansbury 42)

In meinem Buch *On the Lyricism of the Mind* (Amir 2016) habe ich das Konzept einer »lyrischen Dimension« des psychischen Raums eingeführt, das für die Integration zweier Erfahrungs-/Perzeptionsweisen verantwortlich ist: des *kontinuierlichen Modus*, der die Welt als vorhersehbar, erklärbar und logisch wahrnimmt, und des *emergenten Modus*, der die Welt als unvorhersehbar, unerklärlich und ständig sich verändernd wahrnimmt. Aus der Integration dieser beiden Erfahrungsmodi, die Bion (1970) ursprünglich als Konstituierung der Container/Contained-Interaktion identifizierte, erwächst die Fähigkeit, einerseits Konstanz und Kontinuität vorauszusetzen und andererseits schwerwiegende Abweichungen von dieser Konstanz und Kontinuität zu tolerieren, ohne den Sinn für die eigene Identität und Biographie zu verlieren. Als Bion (1970) seine Vorstellung von der Container/Contained-Interaktion formulierte, wies er auf drei mögliche Arten dieser Interaktion hin, von denen diejenige mit der stärksten Veränderungsfähigkeit die *symbiotische Interaktion* ist, während diejenige mit der größten Zerstörungskraft die *parasitäre* ist. (Dazwischen stellte Bion [1970, 78] eine irgendwie neutrale Interaktion auf, die er »commensal« nannte.) Wenn wir die Interaktion zwischen den emergenten und den kontinuierlichen Prinzipien des Selbst in Bions Worten formulieren, können wir davon ausgehen, dass überall dort, wo die Interaktion zwischen dem emergenten und dem kontinuierlichen Wesen parasitär ist oder die Form eines »malignen Containments« annimmt (Britton 2001 [1998], 46), eines von zwei Dingen geschehen kann: Das kontinuierliche Selbst kann das emergente Selbst ersticken und ihm keinen Raum für Bewegung oder Entwicklung lassen oder alternativ könnte das emergente Selbst das kontinuierliche Selbst über seine Bruchstelle hinaus dehnen und so seine Grenzen durchstoßen. Bion (1970) argumentierte, dass das Gefühl der Katastrophe, das eine solche Interaktion zwischen dem Emergenten und dem Kontinuierlichen begleitet, mit der Tatsache zusammenhängt, dass der psychische Raum nicht in der Lage ist, jenseits von Veränderung eine Erfahrung von Konstanz zu liefern, eine Konstanz, die eigentlich die primäre Voraussetzung für Veränderung ist. Wenn das kontinuierliche Prinzip vorherrscht, fehlt dem psychischen Raum Tiefe und Resonanz, während beim Vorherrschen des emergenten Prinzips der psychische Raum sich in einen erschreckenden Albtraum verwandelt. Wenn dagegen die Interaktion beider Modi kompatibel ist, kann es zu einer Integration kommen, die das eröffnet, was ich »die lyrische Dimension« (Amir 2016, 15) des psychischen Raumes nenne. Das Emergente ist die Kraft, die die Dinge in ihrem ungesättigten Zustand erhält, während das Kontinuierliche der gesättigte Zustand ist. Je fruchtbarer die Interaktion zwischen beiden ist, desto wahrscheinlicher ist es, sich einerseits selbst als Figur eines historischen und biographischen Kontinuums erleben zu können und andererseits als ein einzigartiges Individuum, dessen Kreativität dieses Kontinuum unterbrechen darf. Der ›Gender-Raum‹ kann auch im Hinblick auf die Beziehung zwischen dem Kontinuierlichen und dem Emergenten formuliert werden: So könnte beispielsweise ein Überschuss einer ›kontinuierlichen‹ Gender-Erfahrung gegenüber einer ›emergenten‹ Gender-Erfahrung die Möglichkeit der Etablierung eines ›Gender-Raums‹ beeinträchtigen, der das Kontinuierliche und das Emergente in einer fruchtbaren dialektischen Beziehung hält. Andererseits kann ein Überschuss an ›emergenter‹ Gender-Erfahrung, bei dem jede Veränderung den tiefen Kern der Identität zu verändern droht, die Möglichkeit einer kooperativen Beziehung zwischen den beiden Polen der Gender-Dialektik (dem Konkreten und dem Phantasmatischen) unterminieren. Gender ist ständig im Entstehen begriffen. Doch jede Emergenz braucht einen kontinuierlichen Behälter für ihre Stärke und ihre Schwankungen. Wenn es ein ›kontinuierliches‹ Gender gibt, das die verschiedenen Gender-Entstehungen in einer Weise enthalten kann, die das Selbst nicht zu einem katastrophalen Identitätswechsel zwingt, wird ›ein Gender-Raum‹ geschaffen. Die spezifische Beziehung zwischen den emergierenden und den kontinuierlichen Gendererfahrungen – und die je eigenen Verkörperungen dieser Beziehung innerhalb jedes Subjekts – bilden die Geschlechtsidentität und -identifizierung.

Die Psychoanalyse war für solche Ideen bei Weitem nicht offen. Hansbury zitiert in diesem Zusammenhang Saketopoulous (2015) Begriff des »primitiven Gender-Horror[s]«. Dieser habe »die Psychoanalyse gepackt [...], seit der erste Transgender-Patient auf den Plan trat, und im gesamten letzten Jahrhundert eine Vielzahl von transphobischen Gegenübertragungen ausgelöst« (Hansbury 29 f.). Der ›primitive Gender-Horror‹, auf den Saketopoulou verweist, bezieht sich meiner Meinung nach auf den Transgenderkörper, der eine lebendige Inszenierung der ›Rückkehr des Verdrängten‹ darstellt (das verdrängte Männliche im weiblichen Körper, das verdrängte Weibliche im männlichen Körper). Viele Jahre lang reagierte die Psychoanalyse auf diese ›Rückkehr der Verdrängten‹ mit dem Versuch, einen repressiven Mechanismus zu schaffen, der das vermeintliche ›Versagen‹ des Verdrängungsmechanismus ersetzen würde. Aber das wahre Versagen, um das es ging, war nie das Versagen der Verdrängung durch das Transsubjekt, sondern das Versagen der Psychoanalyse, ›Trans‹ zu denken. Unabhängig von der Bedeutung von Hansburys spezifischem Ansatz – der einzigartige Wert seiner Idee einer ›transgender edge‹ liegt darin, dass er sich an der Korrektur dieses Versagens beteiligt, indem er psychoanalytisches Denken von seiner besten Seite demonstriert.

Literatur

Amir, D. (2016): On the Lyricism of the Mind: Psychoanalysis and Literature. London and New York: Routledge.

Bion, W. R. (1970): Container and Contained Transformed. In: Attention and Interpretation. London: Tavistock, 106–124. Dt. (2006): Container und Contained – transformiert. In: Aufmerksamkeit und Deutung. Brandes & Apsel, 122–142.

Britton, R. (1998): Belief and Imagination. New York: Routledge. Dt. (2001): Glaube, Phantasie und psychische Realität. Stuttgart: Klett-Cotta.

Salamon, G. (2010): Assuming a Body: Transgender and Rhetorics of Materiality. New York: Columbia University Press.

Saketopoulou, A. (2015): This Compromise Formation that is Gender: Countertransferential Difficulties in Cis Analysts Working with Trans Analysands. Paper presented at the congress of the International Psychoanalytical Association, Boston, July 24.

Dana Amir, PhD, University of Haifa, Mt. Carmel, Haifa 31905, Israel, Dana19662@gmail.com

Übersetzung aus dem Englischen von Dr. Uta Zeitzschel, Rappstr. 16, 20146 Hamburg, uta.zeitzschel@dpv-mail.de

Nachdenken über Gender –
Politik, Polemik und psychische Realität

Howard B. Levine*

Was sollen wir von Hansburys Arbeit halten? Die Worte seines Titels sind provokativ und zweifellos politisch. Sie lenken die Aufmerksamkeit des Lesers unmittelbar auf einen für einige relativ neuen und, wie es scheint, ungewöhnlichen und schwierigen Diskurs über Gender-Inkongruenz und Nichtkonformität. Für andere könnte sein Titel einen spannenden und potentiell befreienden Ausflug in die Postmoderne ankündigen, der zum Nachdenken über neue Möglichkeiten in unserer sich entwickelnden zeitgenössischen Kultur einlädt. Aber stellt der Titel einen bedeutenden Beitrag zum psychoanalytischen Denken und Handeln in Aussicht?

---

* Howard B. Levine, MD, ist Mitglied der *APSA*, *PINE* und der *Contemporary Freudian Society*, sitzt im *Editorial Board* des *IJP* und der *Psychoanalytic Inquiry* und ist Chefredakteur der *Routledge Wilfred Bion Studies Book Series*. Er arbeitet in privater Praxis in Brookline, MA. Er hat viele Artikel, Buchkapitel und Rezensionen über psychoanalytische Prozesse und Techniken sowie die Behandlung primitiver Persönlichkeitsstörungen verfasst und ist Herausgeber verschiedener Bücher.

Ich möchte die Bedeutung und manchmal sogar Notwendigkeit von Politik und Polemik im psychoanalytischen Schreiben nicht herunterspielen. Jeder von uns ist in seiner Denk- und Vorstellungskraft begrenzt und bestimmt durch seinen Charakter, seine persönliche Geschichte und die soziokulturellen Umstände, in denen er lebt. Jeder von uns ist auch der allzu menschlichen Tendenz unterworfen, sich neuen Ideen zu widersetzen, indem er sich an das klammert, was er seiner Meinung nach bereits weiß. Wenn wir uns inmitten tiefgreifender neuer Entdeckungen und kultureller Veränderungen befinden, dann können die allgemeine Anerkennung des Neuen und der Weg, es zu studieren und zu akzeptieren, eine Auseinandersetzung erfordern, die mit Konfrontation, Herausforderung oder gar Provokation beginnen muss.

Auch wenn Theoriebildung mit Intuition und einem mysteriösen Sprung beginnen kann, stützt sie sich doch auch stark auf Logik, Rationalität und sekundärprozesshaftes Denken. Insofern ist sie ein Produkt des Ichs. Letzteres ist unser Wächter und der Garant für Organisation, Kohärenz und Stabilität. Aber um diese Funktionen auszuüben, neigt das Ich dazu, dem Unbekannten und dem Neuen zu widerstehen und zieht es vor, unseren Sinn für ›Wahrheit‹ mit dem zu assimilieren, was bereits als bekannt gilt. Dies schafft eine inhärente Dialektik zwischen unseren bequem erworbenen, Ich-vermittelten, ptolemäischen Sensibilitäten und den wahrhaft revolutionären, kopernikanischen Entdeckungen, die tiefes psychoanalytisches Engagement zu offenbaren vermag.

Die Spannung und das Konfliktpotential zwischen den beiden wird noch deutlicher, wenn wir feststellen, dass persönliche oder kulturell und historisch gebundene Einstellungen, Überzeugungen und Annahmen für *psychoanalytische* Wahrheiten gehalten und irrtümlich in Einstellungen oder Annahmen über psychoanalytische Theorie und Praxis eingebettet worden sind. Dies galt für bestimmte Annahmen über die weibliche Entwicklung (z. B. der phallische Monismus) und in der Fehlbezeichnung aller homosexuellen Begehren als Perversion oder Pathologie. Solches wiederholt sich vielleicht in unserer Reaktion und unserem Umgang mit der Aufhebung der einst universell angenommenen Gender-Binarität von männlich/weiblich und unserer Annahme, dass diese Binarität anatomisch in einer einmal und für immer unveränderlichen physischen Realität verwurzelt sei. Diese Aufhebung erfordert eine Überprüfung des Verständnisses, der Bedeutung und der Neubetrachtung einer angemessenen analytischen Haltung gegenüber Gender-Kongruenz, Inkongruenz und Nichtkonformität. Das kann mehr als ein bisschen Konfrontation, ja sogar Schärfe erfordern, um unseren Beruf aus einer schlummernden, aber fehlgeleiteten ›Gewissheit‹ über die Funktionsweise der Welt zu wecken, damit wir die Art von Problemen, Konflikten, Wünschen und Sorgen, die uns alle unsere Patienten bringen, besser angehen und verstehen können.

In diesem Sinne hat der Beitrag von Hansbury bereits einen wichtigen Zweck erfüllt. Er hat uns auf die Fragen und Bedeutungen von Gender aufmerksam gemacht, in denen darum gekämpft wird, sich von binären Annahmen und den daraus resultierenden Einschränkungen zu befreien. Dafür gebührt Hansbury Dank. Ich erkenne den Wert seines Ansatzes an. Aus rein psychoanalytischen Gründen – wenn solche Gründe, getrennt von ihrem kulturellen Kontext und politischen Implikationen, wirklich existieren – finde ich die Arbeit jedoch problematisch. Und ich möchte hinzufügen, dass das, was ich als ›rein psychoanalytische Gründe‹ bezeichne, auf dem beruht, was ich *glaube*, wie ich die Psychoanalyse verstehe, und nicht auf einer kategorischen Behauptung, dass es nur eine Wahrheit über die Psychoanalyse gibt – meine –, der wir alle zustimmen müssen.

Das Problem ist meiner Ansicht nach epistemologisch und hat mit dem Status der Wahrheit und der Funktion und Bedeutung von Wörtern auf der Ebene der psychischen Realität zu tun. Ich möchte Hansburys implizite oder explizite Behauptung in Frage stellen, dass es etwas Neues in der Formulierung der ›transgender edge‹ gibt. In einem früheren Kommentar zu Hansbury sah Moss bei Freud den Vorrang einer ›psychoanalytic edge‹ und kam zu einem ähnlichen Schluss:

> Es scheint, als ob wir bei Freud bereits genau das vorfinden, was der Autor [Hansbury] – als wäre es erstmalig – an der ›transgender edge‹ aufweisen möchte: ›einen Ort, an dem Worte, die offenbar nicht dem eigenen Gender zugehören, dennoch zur Beschreibung sexueller Fantasie und Erfahrung herangezogen werden‹. (Moss 2017, 1012)

Zudem wies Moss auf Folgendes hin:

> Es gibt in der Tat keine Begrenzung dessen, was der Mann [Hansburys Patient Kevin, oder jeder beliebige andere, Mann oder Frau] sagen [...] [oder] als wahr empfinden könnte [...], der gesprochene Satz, der bewusste Bericht [...] [ist] etwas Zusammengesetztes – natürlich ohne eine innewohnende Beschränkung, was unsere mögliche Vorstellung von der spezifischen Zusammensetzung eines jeden Satzes angeht [...]. Was wir hier an Freuds ›psychoanalytic edge‹ haben, ist ein schillerndes Bild, das sich mit keinem Aussagesatz festlegen lässt. Wir haben keinen Grund, die Aufrichtigkeit des Mannes [Kevin oder Hansbury] zu akzeptieren [oder zurückzuweisen!], im Sinne eines ›letzten Wortes‹; keinen Grund, seine emotionale Intensität als ausschlaggebend zu akzeptieren; keinen Grund, unsere Fragen zu beenden, wenn er etwa entschieden auf seine Genitalien verweist (um ihren Platz entweder als unbestreitbare Beweise zu bestätigen oder zu widerlegen) [...]. Und das [...] ist das stärkste Vermächtnis, das wir von unserer Freud'schen konzeptionellen Basis haben. Es gibt kein letztes Wort, kein letztes Bild, keine letzte Vorstellung. Stattdessen gibt es, zumindest im Prinzip, immer ein anderes Wort, ein anderes Bild, eine andere Vorstellung – jede/s mit der Kraft, die Fundamente seiner Vorgänger zu erschüttern. (Moss 2017, 1052, Einfügungen/Auslassungen in eckigen Klammern, HL)

Hansbury (22) schockiert den Leser mit seiner Beschreibung von Kevins Redeweise, in der dieser seinen Anus als seine »Fotze« qualifiziert, und sieht dann einen therapeutischen Nutzen darin, dass »ich die ›Fotze‹ meines Patienten im Sinn behielt, während ich das Wort aussprach und so mit meiner Stimme spiegelte«. Ohne klinisches Material kann man diese Behauptung nicht bewerten oder zu unterschiedlichen Hypothesen oder Schlussfolgerungen darüber kommen, was sich zwischen den beiden in diesem Moment abgespielt haben mag. Zum Beispiel geht Hansbury davon aus, dass Kevins Ausruf eine Art Selbstbehauptung, ein *coming out* oder eine Offenbarung war. Könnte es nicht auch eine Verführung oder ein Angriff sein? Wer – im Plural! – ist Hansbury in diesem Moment in der Übertragung des Patienten und welche Schlüsse können aus Kevins Aufdeckung der Anus-Fotze und ihrer Einbringung in Hansburys Psyche gezogen werden? Sind das mehr als nur Entwicklungsbedürfnisse auf der Suche nach Akzeptanz und Spiegelung? Vielleicht Elemente der Ablenkung (*distraction*), des Angriffs oder der Verführung? Unbewusste Bewegungen mit aggressiver Identifizierung oder traumatischer Wiederholung?

Die Liste der Möglichkeiten, die hier entdeckt oder geschaffen werden können, mag endlos, ja sogar unendlich sein. Wie soll der Leser mit der Tatsache umgehen, dass Kevins Äußerung in erheblichem Maße mit offenbar gefährlichen, selbstzerstörerischen Handlungen verbunden zu sein scheint – HIV-Risiko, perforierter Dickdarm? Auch wenn ein Anus selbstbewusst in eine Fotze verwandelt werden kann, warum kann diese Fotze nicht genügend Lust – oder was für eine Befriedigung auch immer – an einem mit Kondom bedeckten Penis oder einem angemessen großen Penetrationsmittel haben? Ist ›groß‹ oder ›grenzüberschreitend‹ nicht genug oder nie genug? Geht es vielleicht nicht um Gender oder Anatomie – Mann/Frau, Anus/Fotze –, sondern um Grandiosität und das Beharren darauf, Grenzen über das Äußerste hinaus zu verschieben? Um Vergeltung nach dem Talionsprinzip und Selbstbestrafung? Verleugnung der Sterblichkeit? Selbstzerstörung?

Sind wir nicht im Bereich der endlosen Möglichkeiten? Möglichkeiten, die diesen Fall weiterhin verfolgen werden, wie sie jeden Fall verfolgen, und vielleicht nie festgelegt werden oder überhaupt nicht festzulegen sind? Und riskiert es Hansbury nicht, diese Optionen allzu sehr einzuschränken, indem er sich mit einem bestimmten Set möglicher Bedeutungen begnügt, wenn er eine ›transgender edge‹ formuliert und feiert? Das ist es, worum es geht. Auch wenn wir uns darauf einigen, dass Hansburys Intervention aus der Perspektive, die er uns einnehmen lassen möchte, von Nutzen ist, weist ihr Wert über die Ebene des Momentanen und des Taktischen hinaus, kann sie uns zu einer breiteren, allgemeineren strategisch-konzeptionellen Formulierung dienen?

Das Geniale an Freuds Entdeckung war seine Erkenntnis, dass auf der Ebene der Fantasie und der psychischen Realität jeder manifeste Inhalt sich auf fast jeden anderen latenten Inhalt beziehen oder ihn symbolisieren kann. Vereinfacht ausgedrückt, kann in der Traum-Welt des repräsentierten Unbewussten (*represented unconscious*) jede einzelne Sache für jede andere stehen oder sie symbolisieren. Aus der Perspektive der psychischen Realität gibt es keine notwendigen Grenzen und alles ist möglich. Das war die Lektion, die Freud in seinen Beschreibungen des Primärprozesses und der ungebundenen, frei beweglichen Energie lehrte, die zu Verdichtung, Verschiebung und Symbolisierung führt. Und in der emergenten Welt des strukturellen Unbewussten (*unstructured unconscious*) (Levine et al. 2013; Levine 2016a), des noch nicht Repräsentierten, gibt es noch mehr Fluidität und Potentialität.

Aus dieser Perspektive ist ein gesprochenes Wort nicht nur ein Träger von lexikalischen Inhalten und manifester Bedeutung. Es ist auch eine physische Aktion, ein ›Tun‹, und ein Container für und Gestalter von ungeformter emotionaler Kraft und somatischer Empfindung (Levine 2019). Zusätzlich zu den Bedeutungen, die Hansbury Kevins Verwendung des Wortes ›Fotze‹ zuweist, könnten wir uns also andere vorstellen, die andere Lüste und emotionale Bewegungen erfassen, latente und/oder auftauchende, und das schließt emotionale Kräfte ein, die mächtig und eruptiv sind, aber keine spezifische ideelle Form haben, bis sie schließlich in einem Wort als Container erfolgreich contained sind.

Die Herausforderung, vor der jeder Analytiker zu jedem Zeitpunkt steht, wenn er mit dem noch nicht Repräsentierten konfrontiert wird, ist die Problematik der Konstruktion: Inwieweit kann die angebotene

Konstruktion den doppelten Gefahren von Suggestion und Unterwerfung wirklich entrinnen?

Freud (1937) räumte ein, dass eine vom Analytiker angebotene Konstruktion bei der Heilung dynamisch wirksam und erfolgreich sein kann – auf die gleiche Weise wie eine wiederhergestellte, zuvor verdrängte traumatische Erinnerung aus der Kindheit. Er begründete die Wirksamkeit der Konstruktion jedoch nicht mit ihrer Übereinstimmung mit wahrheitsgetreuen Ereignissen, sondern mit dem Gefühl der Überzeugung im Patienten. Überzeugung ist jedoch ein emotionaler Zustand und unterliegt somit dem Wandel durch unbewusste Einflüsse, einschließlich des Wunsches, der Angst, der Verführung, dem Angriff u. a. in der Übertragung. Das ist in der Tat ein Problem (s. Levine 2016b).

Um ein Beispiel mit einer weniger kulturell aufgeladenen Reihe von Bedeutungen zu nehmen, stellen Sie sich einen Patienten vor, der mit dem enttäuschenden Verlust eines sehr gefragten und hoch dotierten Wettbewerbspreises zu kämpfen hatte. Inmitten des Versuchs, sich auf die Tatsache seiner Niederlage und auf seine Enttäuschung einzustellen, träumte er, dass er mit dem Zug in ein fremdes Land reiste und entdeckte, dass sein Koffer gestohlen worden war. Der Verlust im Traum umfasste nicht nur Kleidung und Besitz, sondern auch seinen Pass, sein Geld, seine Rückflugreservierung usw. Im Traum fühlte er, dass seine eigene Identität angegriffen, völlig entrückt, panisch und ›wie auf hoher See‹ war und er erwachte mit einer Mischung aus Erleichterung – der Traum war nicht ›echt‹ – und Bitterkeit – es war nicht der Koffer, der verloren gegangen war, sondern der Preis und alles, was darauf folgte, und das war schmerzhaft real.

Auf seiner oberflächlichsten Ebene scheint der Traum einen Versuch darzustellen, den traumatischen Verlust des Preises durchzuarbeiten. Aber dieser Patient hatte als Kleinkind auch die emotionale Verfügbarkeit seiner Mutter verloren, als deren eigene Mutter starb. Könnte der Koffer im Traum dann auch seine Großmutter, die emotionale Präsenz seiner Mutter und sein Selbstempfinden als Kleinkind repräsentieren, die alle in der eigentlichen traumatischen Erfahrung der Kindheit verdichtet und verkapselt waren und nun durch den Koffer und die Ausweispapiere im Traum symbolisiert wurden? Und weiter, könnte der Traum nicht auch die Anwesenheit der emotional abwesenden Mutter einführen, im Traum in Form der verzweifelten Suche nach dem ›Koffer, der nicht da ist‹? Der fehlende Koffer ist aufgrund seiner Abwesenheit im Vordergrund und im Zentrum der Aufmerksamkeit des Träumers, das Negativ der Darstellung der fehlenden Mutter. Dies könnte ein Beispiel für das sein, was Green (1980) die Repräsentation der Unfähigkeit zu repräsentieren nannte.

Ich versuche hier etwas über die quasi unendliche Plastizität von Bedeutungen zu sagen, die wir im psychischen Apparat, wie er von Freud formuliert wurde, antreffen oder erzeugen können, indem wir an dem arbeiten, was Moss die ›psychoanalytic edge‹ genannt hat. Um auf Hansbury und Kevin zurückzukommen, möchte ich fragen, ob – neben Hansburys Behauptung, dass seine Formulierung der ›transgender edge‹ etwas Befreiendes in sich trägt – seine vermeintliche Annahme, dass die ›transgender edge‹ eine Art klinisches Grundgestein widerspiegelt, nicht potentiell einschränkend ist?

Glücklicherweise oder unglücklicherweise sind wir alle durch die Subjektivität unseres Seins begrenzt. Diese Einschränkung, die sich zweifellos auf unsere Leistung als Analytiker auswirkt, kann in der analytischen Arbeit jedes einzelnen Paares auch zu einer quasi unendlichen Anzahl von konstruktiven Möglichkeiten führen. Unsere Subjektivität ist sowohl die Quelle unserer kreativen Intuition als auch die unserer Gegenübertragung, wenn diese den analytischen Prozess behindert (*obstructive countertransference*). Shakespeare paraphrasierend[1] könnten wir abschließend sagen: Es gibt eine Gegenübertragung, die unsre Zwecke formt, wie wir sie auch entwerfen.

---

1 Die Übersetzung bezieht sich auf die Schlegel-Übersetzung.

Literatur

Freud, S. (1937): Constructions in Analysis. SE XXIII, 255–270. Dt. (1937): Konstruktionen in der Analyse. GW XVI, 43–56.

Green, A. (1980): The dead mother. In: Ders. (1997): On Private Madness. London: Karnac, 142–173. Dt. (2004): Die tote Mutter. Gießen: Psychosozial-Verlag.

Levine, H. B. (2016a): The Fundamental Epistemological Situation. Psychic Reality and the Limitations of Classical Theory. Given as the 2016 Karl Abraham Lecture at the Abraham Institute, Berlin, May 8, 2016. Veröffentlichung dt. (2017): Die grundlegende epistemische Situation. Die psychische Realität und die Grenzen der klassischen Theorie. In: Jahrbuch der Psychoanalyse 74, 203–229.

Levine, H. B. (2016b): Suggestion, Seduction, Authority and Influence. Vortrag auf der EPF-Konferenz April 2016, Berlin, Germany.

Levine, H. B. (2019): Word, Body, Thing. On the Movement from Soma to Psyche. Vortrag auf der EPF-Konferenz April 2019, Madrid, Spain.

Levine, H. B. / Reed, G. / Scarfone, D. (Hg.) (2013): Unrepresented States and the Construction of Meaning. London: Karnac.

Moss, D. (2017): Pussy Riot: Commentary on Hansbury. In: Journal of the American Psychoanalytic Association 65, 1049–1059.

Howard B. Levine, MD, 1318 Beacon Street, #8, Brookline, MA 02446, USA, hblevine@aol.com

Übersetzung aus dem Englischen von Dr. Uta Zeitzschel, Rappstr. 16, 20146 Hamburg, uta.zeitzschel@dpv-mail.de

Psychoanalytiker sein oder nicht sein –
Einige Überlegungen zu Griffin Hansbury

Franco De Masi*

Die Transsexualität zwingt uns dazu, analytisch in neuer Weise zu denken, ohne uns auf das verlassen zu können, was wir bereits wissen. Wir stehen hier vor einem rätselhaften Gebilde des psychischen und körperlichen Selbst, einem komplexen Geflecht aus dem, was bei der Konstruktion der Persönlichkeit erworben, und dem, was biologisch vorherbestimmt ist. Deswegen glaube ich, dass Studien auf diesem Ge-

---

* Franco De Masi ist Lehr- und Kontrollanalytiker der Italienischen Psychoanalytischen Gesellschaft und ehemaliger Vorsitzender des *Centro Mailandese di Psicoanalisi* sowie Leiter des Mailänder Ausbildungsinstituts. Er ist Arzt und Psychiater, der viele Jahren in psychiatrischen Kliniken arbeitete. Seit 35 Jahren niedergelassener Psychoanalytiker in Mailand. Er hat u. a. die Monographie (2010 [1999]): Die sadomasochistische Perversion. Hg. v. H. Hinz. Aus dem Italienischen übersetzt v. S. Monhardt. Jahrbuch der Psychoanalyse, Beiheft 23. Stuttgart: frommann-holzboog und mehrere Artikel in verschiedenen psychoanalytischen Zeitschriften, u. a. im *International Journal of Psychoanalysis* veröffentlicht. Schwerpunkte: theoretische und technische psychoanalytische Fragen in der Arbeit mit schwerkranken oder psychotischen Patienten.

biet nicht als marginal angesehen werden dürfen, auch wenn sie sich mit Problemen beschäftigen, die sich bislang der alltäglichen klinischen Bemühung der Psychoanalytiker entziehen. Aus diesem Grund habe ich es übernommen, Griffin Hansburys Arbeit *The Masculine Vaginal: Working with Queer Men's Embodiment at the Transgender Edge* zu kommentieren.

Gleich eingangs muss ich feststellen, dass die Lektüre dieses Textes bei mir zahlreiche Zweifel auf theoretischer wie klinischer Ebene aufgeworfen hat – Zweifel, die ich in meinem Beitrag erörtern möchte.

Die These des Autors besteht darin, dass bei Cisgender-Patienten, also bei Personen, bei denen das Gefühl der eigenen sexuellen Identität dem Geschlecht entspricht, das ihnen bei der Geburt zugeschrieben wurde, ein maskulines Vaginales (*Masculin Capital V-Vaginal*) existiert, d. h. die Wahrnehmung (*percezione*), eine Vagina zu besitzen. Diese nicht näher definierte Entität erstreckt sich vom physischen Bereich (d. h. im Individuum soll die Wahrnehmung bestehen, eine Vagina im anatomischen Sinn zu besitzen) bis zum psychischen Bereich, der in diesem Fall Rezeptivität, Offenheit und Ausdrucksfähigkeit zu stimulieren vermag. Seine Präsenz kann alternierend sein: Das *Vaginale* trotzt jeder Wahrnehmungsschwelle, bewegt sich auf unterirdischen Bahnen, strukturiert sich in den tiefen Schichten des Körpers und kann im Lauf der Analyse in expliziter Form zum Vorschein kommen.

Die Unbestimmtheit dieses Begriffs scheint dem Autor alle möglichen Hypothesen auf verschiedenen Ebenen zu erlauben. Was hat zum Beispiel die Idee, eine Vagina zu besitzen, mit der Bereitschaft zu tun, rezeptiv zu sein, ein Zustand, der sicherlich nicht an ein anatomisches Organ gebunden ist und nicht nur eine weibliche Eigenschaft darstellt. Dass die Vagina ein ausschließlich weibliches Organ ist, das in der männlichen Psyche keine Repräsentation besitzt, ist für Hansbury eine Idee, die einer Grundlage entbehrt. Das Vaginale ist für ihn eine polyvalente Entität, abhängig von der Weise, der Form und dem Zweck ihres Gebrauchs. Diese apodiktische Behauptung durchzieht die gesamte Arbeit, ohne dass der

Autor mit einem einzigen Wort ihren klinischen Nutzen erläutern würde. Es wäre zu fragen, ob den Individuen ohne diese vaginale Wahrnehmung etwas fehlt, ob sie leiden – möglicherweise ohne sich dessen bewusst zu sein –, oder welche andere Einschränkung sie aufweisen. Doch diese notwendige Klärung erfolgt an keiner Stelle der Arbeit.

Anscheinend verfolgt Hansbury mit seiner Theorie des Vaginalen die Absicht, die verschiedenen Theorien zur Sexualität aus einer transmodernen Sichtweise heraus zu erweitern, mit deren Hilfe er die aktuellen Gendertheorien überwinden will. Diese haben festgestellt, dass Gender nicht dichotomisch ist, sondern sich in einem Kontinuum von Männlichkeit und Weiblichkeit bewegt. Die Queer-Theorien haben ihr Augenmerk insbesondere auf die verschiedenen Ausdrucksformen der Transsexualität gelegt.

Doch der Autor spricht nicht von den verschiedenen Ausdrucksformen der Geschlechtsidentität, sondern von einer Repräsentation der Vagina als körperliches Organ, die in vielen Menschen vorhanden sein soll. Meines Erachtens kann aber nur der weibliche Transgender, dem bei der Geburt das männliche Geschlecht zugewiesen wurde, den Wunsch haben, eine anatomische Vagina zu besitzen; dieser Wunsch kann durch einen chirurgischen Eingriff realisiert werden. Es gibt jedoch Transgender, die sich mit dem Gender des entgegengesetzten Geschlechts identifizieren, ohne sich zu einem chirurgischen Eingriff zu entschließen. Die erotische Funktion der Analhöhle kann bei vielen Männern oder Frauen präsent sein, doch die Vorstellung, eine Vagina anstelle des Anus zu besitzen, müsste, falls es sie geben sollte, als ein dysmorphophobischer Wahn betrachtet werden. Die Idee, die der Autor vorstellt, scheint die einer totipotenten und dystopischen Sexualität zu sein, bei der jede Lösung, und sei sie noch so bizarr, zugelassen ist.

Ich möchte nun auf eine lange Analyse eingehen, die Hansbury als Analytiker beschreibt und die sich zur Erläuterung seiner exzentrischen These eignen wird.

Für Kevin, einen Homosexuellen, der sich seit einigen Jahren in Therapie befindet, soll die erregende Neuigkeit darin bestehen, dass der Analytiker in einer Sitzung Kevins Anus als »Fotze« (*cunt*) bezeichnet hat, einen Anus, den der Patient als eine grenzenlose Höhle betrachtet, in die Gegenstände jeder Dimension eingeführt werden können, ein »saugendes Schwarzes Loch« (Hansbury 18). Der Analytiker deutet dem Patienten dessen Leugnung, eine Fotze anstelle des Anus zu besitzen, ohne dass sich dem Leser jedoch der klinische Nutzen dieser Aufdeckung erschließen würde. Von diesem Moment an verstärkt sich im Leser der Verdacht, dass der Analytiker sich tatsächlich auf dem Holzweg befindet.

In einigen Arbeiten (2012) habe ich hervorgehoben, wie wichtig es ist, möglichst schon von Beginn der Behandlung an ein dynamisches Bild vom emotionalen und psychischen Funktionieren des Patienten zu gewinnen. Erst diese Orientierung ermöglicht es dem Analytiker nämlich, seine Interventionen von Anfang an auf die tatsächlich problematischen Bereiche des Patienten zu fokussieren. Gerade diese Bereiche entzieht der Patient häufig unserer analytischen Arbeit, weil sie geheimen lustvollen Erfahrungen entsprechen, die den psychopathologischen Strukturen entspringen, von denen er beherrscht wird.

In diesem Fall aber erfasst der Analytiker nicht die wirklich problematischen Bereiche des Patienten und konzentriert sich bei seiner Arbeit auf Interpretationen des Materials, die gänzlich vom klinischen Kontext losgelöst scheinen.

Nach meiner Auffassung handelt es sich bei Kevin um einen Homosexuellen, der eine *schwere Sexualisierung der Psyche* aufweist. Er ist ein in seinen Körper zurückgezogener Patient, bei dem die *anale Masturbation* eine *süchtige Dimension* angenommen hat, die sich unbegrenzt ausweiten muss. Das Einführen immer größerer und gefährlicherer Gegenstände stellt ein erhebliches Risiko für seine physische Unversehrtheit dar. Mir scheint, dass die Aufmerksamkeit des Analytikers sich auf diese pathologische Organisation konzentrieren sollte, um der

Macht, die sie auf den gesunden Teil des Patienten ausübt, nach Möglichkeit entgegenzuwirken.

Hansbury beschäftigt sich hingegen länger damit, wie das Wort *cunt* (»Fotze«), das er zum ersten Mal in einer Sitzung ausgesprochen hat, zur Entdeckung einer Wahrheit führt, der sich zu stellen und die zu akzeptieren der Patient nie den Mut hatte. Der Analytiker vermutet, dass Kevin sich einerseits wegen des Gebrauchs, den er von seinem Anus macht, schämt, andererseits aber auch sehr stolz darauf ist, eine Fotze zu haben. Hier scheint der Analytiker zu vergessen, dass jeder Patient mit einer erregten und perversen Sexualität sich wegen seines masturbatorischen Rückzugs schämt, aber zugleich stolz glaubt, eine im Vergleich zu den gewöhnlichen Sterblichen überlegene und mitreißende Sexualität zu besitzen – eine Dynamik, die sich auch bei der Drogenabhängigkeit findet. Für den Analytiker bezeugt sich in dieser Schwierigkeit hingegen die Grenze, gegen die Kevin ankämpft, die Unfähigkeit, beide Positionen einzunehmen und die entsprechenden weiblichen und männlichen Organe zu besitzen – stattdessen halte er den Besitz einer Vagina für eine Schande. Hansbury behauptet, dass Kevin zu jenem Typus von Männern gehören könnte, die sich schämen, rezeptive weibliche Anteile zu haben, weil sie von einer Kultur und einer Erziehung beherrscht sind, die feminine Aspekte in der Persönlichkeit der Männer verachtet.

Er spricht anschließend darüber, dass seine Patienten, da er selbst Transgender sei, ihre weiblichen Anteile leichter einer Analyse zugänglich machen würden. Dabei ignoriert der Autor offenbar die Tatsache, dass es imitative Identifikationen zwischen Patient und Analytiker gibt. Bei der Kevin gegenüber vorgebrachten Deutung, eine Vagina zu besitzen, wird übersehen, dass bei dem Patienten zwar auch Transgender-Problematiken vorliegen könnten (die in der Kindheit auftauchten), das aktuelle Hauptproblem aber im sexuell süchtigen Zustand der Psyche besteht. Kevin hat im Übrigen stets die Transgender-Persönlichkeit des Analytikers ignoriert und ihm niemals Fragen zu seiner Geschlechtsidentität gestellt.

An diesem Punkt wird die Neugier des Lesers hinsichtlich der Transsexualität des Analytikers geweckt: Hat ihn sein Weg von der Frau zum Mann oder vom Mann zur Frau geführt? Hat er sich einer Operation unterzogen? Aus meiner Sicht ist dies eine legitime Frage, da die Theorie des Vaginalen nicht im Patienten entstanden zu sein scheint, sondern in der Psyche des Analytikers als Residuum einer eigenen persönlichen Problematik.

Wahrscheinlich kann (bei männlichen Patienten) die Vorstellung, eine Vagina zu besitzen, bisweilen auftauchen, aber es würde sich jedenfalls um einen pathologischen Prozess handeln. Ich möchte hier an den Fall Schreber (Freud 1911) erinnern: Schrebers Wahn ging die Fantasie voran, eine Frau beim Koitus zu sein, und diese Faszination bildete die Grundlage des Größenwahns, bei dem der Präsident sich von göttlichen Strahlen penetriert fühlte. Mit anderen Worten: Die Vorstellung, eine Vagina zu besitzen, bildete für den Präsidenten Schreber das Vorspiel zu einer psychotischen Krise.

Im Lauf der Analyse scheint der Analytiker nur von seinem fragwürdigen Standpunkt aus zum Patienten zu sprechen; die beiden Protagonisten der Therapie, Analytiker und Patient, schlagen verschiedene Wege ein, mit der Konsequenz, dass sich Kevins pathologische Entwicklung immer weiter verstärkt.

Kevins Störung bestand darin, dass er im Internet Partner suchte, die ihn ohne Kondom anal penetrieren sollten. Es handelte sich um eine obsessive und verzweifelte Suche wie bei einem Drogenabhängigen im Entzug. Es ist schwer nachvollziehbar, wie der Analytiker dieses komplexe Problem bearbeitet hat, da er sich, offensichtlich alarmiert, darauf beschränkt hat, dem Patienten gegenüber die Gefahr einer HIV-Infektion zu unterstreichen. Tatsächlich infizierte sich Kevin mit HIV. Die Hartnäckigkeit, mit der Kevin nach ungeschützter analer Penetration sucht, wird von Hansbury als Verneinung der Kastration des Vaginalen gedeutet, also als das Bedürfnis, offen zu bleiben und nicht wieder verschlossen zu sein, wie es in der Kindheit des Patienten infolge der Intrusion der Eltern geschah, welche ihm eine hegemoniale und normative Männlichkeit aufgedrängt haben sollen. Auch hier kann sich der Leser nur über den bizarren Charakter der Deutungsarbeit des Analytikers wundern. Dieser versucht nicht, mit dem gesunden Anteil seines Patienten zu kommunizieren, um zu versuchen, den kranken Anteil einzudämmen, sondern beharrt darauf, seine Sicht zu kommunizieren, die das Fortschreiten des Patienten in Richtung der Pathologie verstärkt. Die Suche nach dem Vaginalen mit der (wahllosen und süchtigen) analen Penetration gleichzusetzen, erscheint mir als grober klinischer Fehler.

Nach Hansbury ist die Kastration des Vaginalen eine Folge des Drucks der Erwachsenen auf Kinder, die von der Kindheit an Transgender-Neigungen zeigen. Dies scheint auch ein Aspekt der Kindheit Kevins gewesen zu sein, der Jungenspiele ablehnte und stattdessen Spiele für Mädchen bevorzugte.

An diesem Punkt wird auch der Umstand, dass der Patient sich auf rektalem Weg mit HIV infiziert hat, von Hansbury als eine Abwehr gegen die vaginale Kastration, die Kevin in der Kindheit erlitten habe, betrachtet, als ein Schutz, der einen Preis fordert. Es hat wirklich den Anschein, dass die vom Analytiker weiterverfolgte Idee des Vaginalen zu einem omnipräsenten Rezept wird, das, losgelöst von jedem klinischen Kontext, alles zu erklären vermag. Entsprechend deutet der Autor die Tatsache, dass Kevin in einer Blase zu leben glaubt, als Abwehr, also als schützende Zuflucht, wohingegen dies als Bild eines sexuellen Rückzugs gesehen werden könnte, der ihn an jeder menschlichen Beziehung hindert.

Die immer gefährlicheren analen Penetrationen, die Kevin unternimmt, beginnen Hansbury nun mit Besorgnis zu erfüllen. Tatsächlich perforiert sich der Patient zu diesem Zeitpunkt das Kolon und wird ins Krankenhaus eingewiesen. Kevin gibt zu, dass er während der analen Masturbation auch Drogen gebraucht.

Jetzt spricht Hansbury dem Patienten gegenüber von seiner eigenen Beunruhigung, doch dieser erwidert, er fühle sich durch die Involviertheit des Analytikers gestört. Es entsteht nun eine Art von Sackgasse; der Patient erklärt, er erlebe die Emotionen des Therapeuten als Störung und Intrusion, wie es in seiner Kindheit mit seiner Mutter geschah, wenn diese sich wegen seines Verhaltens ängstlich zeigte. Kevin kann an diesem Punkt die Besorgnis des Analytikers um seine physische Gesundheit nicht teilen, weil er vollkommen vom erregt-psychotischen Anteil beherrscht wird, der keine Einschränkungen duldet, und interpretiert Vorsicht und Risikovermeidung als Unterwerfung unter von außen aufgedrängte Regeln. Erneut glaubt Hansbury, eingeschlossen in seine unverrückbare Überzeugung, dass Kevin sich dagegen wehrt, in seinem vitalen vaginalen Teil kastriert zu werden.

Es wird immer deutlicher, dass der Analytiker keinerlei klinische Erfahrung mit schwerkranken Patienten besitzt und insbesondere nicht mit der pathologischen Natur des masturbatorischen Rückzugs bei seinem Patienten. Der sexuelle Rückzug fällt mit dem kranken Anteil des Patienten zusammen, der sich ihm als gut und gesund darstellt, weil er ihm Lust zu verschaffen und völlige Freiheit zu garantieren vermag. Kevin ist einem perversen Über-Ich unterworfen, das ihn zu einem selbstdestruktiven Verhalten im Zeichen der Lust treibt.

Sicherlich hat der Patient sich von den Erwachsenen, einschließlich der Mutter, nicht verstanden gefühlt, die ihn in der Kindheit wegen seiner Transgender-Fantasien häufig beschuldigt, erschreckt und verwirrt haben. Doch die größte Konfusion, der er zum Opfer fiel, bestand darin, den sexualisierten analen Rückzug mit einem guten Objekt zu verwechseln und ihn nicht als eine gefährliche pathologische Struktur mit süchtigem Charakter zu erkennen. Die süchtige anale Lust befreit ihn wahrscheinlich von einer Angst und einer Depression, die ihn seit der Kindheit begleitet haben. Dem Analytiker scheint es gänzlich an einer psychopathologischen Kompetenz zu mangeln, die ihn über die Dynamik des Leidens bei seinem Patienten aufklären könnte.

Die Entität des Vaginalen mit einem vitalen Teil zu identifizieren, wie es der Analytiker tut, erzeugt eine für den Patienten gefährliche Konfusion, da dieser die gesunden Teile nicht von den kranken unterscheiden kann – diese präsentieren sich nämlich als gesund und lustvoll. Der Analytiker gerät schließlich in eine Kollusion und Allianz mit Kevins pathologischen Teilen. Seine Theorie ist nicht nur bizarr, sie erweist sich darüber hinaus sogar als fähig, die Pathologie des Patienten zu verstärken.

Der klinische Bericht schließt mit einem positiven Ergebnis der Therapie. Kevin befreit sich durch die Teilnahme an einem Rehabilitationsprogramm von den Drogen und reduziert danach seine gefährlichen sexuellen Aktivitäten. Anscheinend ist er nun offener gegenüber der Welt der Beziehungen und Gefühle. Allerdings erfahren wir durch das dargebotene Material nichts über die Art und Weise und die nächsten Schritte des von ihm eingeschlagenen Wegs.

Kevins Fall unterscheidet sich nicht sehr von dem anderer hetero- oder homosexueller, Cisgender- oder Transgender-Patienten, die von einer zwanghaften und kranken Sexualität beherrscht werden können. Es handelt sich um einen Prozess der Sexualisierung der Psyche, der diese allmählich vom Feld der menschlichen Beziehungen entfernt und sie schließlich völlig beherrscht – bisweilen mit den Gefahren, die wir bei Kevin gesehen haben. Der Analytiker scheint, wie ich bereits sagte, keine klinische Kompetenz zu besitzen und lässt sich von einem persönlichen, verwirrenden und bizarren Modell leiten, das allein seinem eigenen Geist entsprungen scheint.

Wenn Kevin von seinem Anus als von einer geräumigen Höhle spricht, in die alles, was er will, eintreten kann – welche Notwendigkeit besteht dann, von der Existenz der Vagina zu sprechen? Die Vagina wird normalerweise nicht als ein unbegrenzter Raum wahrgenommen, in den alles hineingelangen kann. An den Verfasser des Aufsatzes wäre die Frage zu stellen, welche Fortschritte der Vorschlag, eine Vagina anstelle des Anus zu besitzen, bei seinem Patienten hervorrief. Hat sie ihn nicht verwirrt und geradezu zu einer Verschlechterung geführt? Ich glaube, dass die Fixierung des Analytikers auf diese persönliche, bizarre und totipotente Auffassung der Sexualität das klinische Bild kompliziert und verzerrt hat, ohne ein therapeutisches Resultat zu bewirken. Während der Analytiker in einer vollkommen dekontextualisierten Weise sprach, verschlechterte sich Kevins Zustand weiter, ohne dass er fähig gewesen wäre zu begreifen, was mit ihm geschah.

Negativ wirkt es sich meines Erachtens zudem auf den analytischen Prozess aus, dass der Analytiker nicht zwischen Sexualität und Sexualisierung unterschieden hat, eine Differenzierung, die Hansbury vielleicht nicht bekannt ist. Sexualisierung ist ein erregter Zustand der Psyche, der bei bestimmten psychotischen Störungen, Perversionen und Abhängigkeiten, einschließlich sexueller Abhängigkeiten, auftritt. Der Patient kann in seiner Psyche einen erregten masturbatorischen Zustand erschaffen, der ihn von der Realität entfernt: Diese Transformation ist so lustvoll, dass er sich der gefährlichen Natur des Prozesses nicht bewusst ist und infolgedessen nicht um Hilfe bittet. Meiner Meinung nach hat sich genau dies bei der Therapie des Patienten ereignet und dieser Zustand hätte zum Kern- und Ausgangspunkt der Analyse werden müssen.

Ich muss feststellen, dass bei dieser Arbeit eine erhebliche Konfusion auf theoretischer und klinischer Ebene besteht, aus der sich meine großen Vorbehalte bei ihrer Bewertung ergeben.

Literatur

De Masi, F. (2012): Working with Difficult Patients: From Neurosis to Psychosis. London: Karnac.
Freud, S. (1911): Psychoanalytische Bemerkungen über einen autobiographisch beschriebenen Fall von Paranoia. GW VIII, 240–316.

Franco De Masi, Via Ramazzini 7, 20120 Milano, Italien,
franco.demasi@fastwebnet.it

Übersetzung aus dem Italienischen: Stefan Monhardt, Ahornstraße 12a, 12163 Berlin, s.monhardt@berlin.de

Wenn queer quer wird – Psychoanalytisches Verstehen und Konzeptualisieren in queeren Dynamiken

*Bernd Nissen**

Die Psychoanalyse kann nur in einer radikal offenen Haltung durchgeführt werden: gleichschwebend aufmerksam die Kommunikation von unbewusst zu unbewusst zulassen (Freud 1912e, 1915e), ohne Wertung und Auswahl ein intuitives Hören und sich Öffnen ermöglichen. D. h.: offenbleiben für die individuellen Qualitäten der psychischen Struktur und Dynamik, selbst dann, wenn sie an keinerlei Vertrautes anschließen; vorhandene Voraussetzungen, fundierte Erfahrungen, Konzepte und Theorien so weit in den Hintergrund treten lassen, sodass jederzeit völlig Neues hervortreten kann; radikaler Verzicht auf alle teleologischen und bewertenden Momente unter Ausschaltung von Kategorien wie

---

* Bernd Nissen, Dr. phil., Dipl.-Psych., Psychoanalytiker (DPV/IPV) in eigener Praxis, Lehr- und Kontrollanalytiker. Arbeitsschwerpunkte u. a.: hypochondrische und autistoide Störungen, wissenschaftstheoretische Fragen der Psychoanalyse. Herausgeber mehrerer Bücher. Mitherausgeber *Jahrbuch der Psychoanalyse*. Diverse Veröffentlichungen in mehreren Sprachen.

pathologisch, krank, neurotisch, pervers oder gesund, entwicklungsfördernd, normal.

Diese unmögliche Regel erfordert strenge Disziplin und eine gewisse Form der Isolation (s. Bion 1963). Sie ist ein Ideal, das immer wieder aufs Neue erarbeitet werden muss. Doch im »normalen« (Kuhn 1978) psychoanalytisch-wissenschaftlichen Betrieb, ohnehin von impliziten Annahmen durchsetzt, schleichen sich unbemerkt weitere Trägheiten, Gewohnheiten und Gewissheiten ein, werden Überzeugungen unumstößlich, werden Erkenntnisse zu Fesseln.

Es braucht »außerordentliche« (erneut: Kuhn 1978) Impulse, Zwischenrufe, Arbeiten und Ideen, die den verschlackten Normalbetrieb aufrütteln, neues Hören, Sehen und Verstehen reetablieren, manchmal sogar einen paradigmatischen Wechsel herbeiführen.

Hansburys Arbeit könnte so ein ›Aufrüttler‹ sein. Anscheinend begegnet er unkonventionellen, pornographischen, perversen Schilderungen und Handlungen unvoreingenommen, versucht, einfach zu hören und neue Konzepte zu entwickeln. Die Psychoanalyse, durch ihre unprofessionelle und beschämende Haltung in der Homosexualitätsdebatte bis ins Mark verunsichert, goutiert solche Arbeiten mit Preisen und Veröffentlichungen in anerkannten Journalen, will auf keinen Fall erneut eine sexuelle ›Revolution‹ verschlafen oder gar arrogant pathologisieren.

In dieser Konstellation liegt auch eine Gefahr: Eine verschüchterte etablierte, wissenschaftliche und therapeutische Wissenschaft einerseits und eine »post-postmoderne« (Hansbury 25), im poststrukturalistisch-dekonstruktivistischen Rausch befindliche Bewegung, die die Selbstdefinition des Individuums als einzige Identitätserklärung zulässt, andererseits. Hansbury, queerer Analytiker, könnte hier eine pointierte Position vertreten, für die materielle, also auch biologische Körper gesellschaftlich ›hergestellt‹ sind.

Phantasiert versus realisiert

Hansbury schreibt:

[D]er Körper mitsamt seiner Teile kann auf omnipotente Weise Geschlecht und Gender bekommen, er kann sich verändern und ist alles andere als statisch. In der Vergangenheit hat die kanonische Psychoanalyse das körperliche Geschlecht als maßgeblich für die Definition des Genders behandelt. Von diesem Standpunkt aus betrachtet gibt es nur zwei Gender, und Bestrebungen, zu mehr als einem davon zu gehören, kommen einer Art Gender-Grandiosität gleich, bei der nichts betrauert oder aufgegeben werden kann. Das bezeichne ich als binäres Gendermodell. Die heutige psychoanalytische Gendertheorie, die auf dem Second-Wave-Feminismus und dem Postmodernismus aufbaut, hat diese Binarität demontiert und ein alternatives Konzept geschaffen, demzufolge Gender in einem Kontinuum von Männlichkeit und Weiblichkeit existiert, das sich physisch auf dem biologischen Körper abbilden kann oder auch nicht.

Ich nenne das das Multiplizitäts-Gendermodell. Meine These ist, dass weder das binäre noch das multiplizitäre Modell für sich allein genommen ausreicht, weil beide eine falsche Dichotomie postulieren: Entweder man gehört zu einem der zwei Gender, oder man bewegt sich irgendwo dazwischen.

Wird das Gender als generell multipel betrachtet, spielt der Körper kaum eine Rolle. Wird das Gender als generell binär betrachtet, spielt der Körper eine zu große Rolle. In der transmodernen Sichtweise spielt der Körper zwar eine wichtige Rolle, aber er ist nicht unveränderlich. Er ist vielmehr ein *gequeerter* Körper. Das Verb *to queer* wird vom Merriam-Webster definiert als: »die Wirkung oder den Erfolg von etwas durchkreuzen«, zum Beispiel jemandes Pläne. Das ist gar nicht so weit entfernt von der Bedeutung, die das Wort in der queeren Theorie hat, in der *to queer* bedeutet, eine überlieferte Geschlechts-/Gender-Position zu dekonstruieren und zu destabilisieren, Kategorien wie männlich und weiblich, die als unveränderlich angesehen werden, durcheinanderzubringen (und womöglich ihre Wirkung oder ihren Erfolg zu durchkreuzen). Der *gequeerte* transmoderne Körper spaltet sich nach einem Erforschungsprozess, der ihn der orthodoxen Denkweise entreißt, nicht mehr in ein binäres und ein multiples Modell, sondern hält beide in dialektischer Spannung. Wie Aron (1995, 195) schrieb, brauchen wir »sowohl einen Begriff von Gender-Identität als auch einen Begriff von Gender-Multiplizität; allgemeiner gesagt müssen wir den Menschen sowohl als einheitliches, stabiles, in sich geschlossenes als auch als multiples, fragmentiertes Subjekt sehen, das sich von einem zum anderen Moment verändert«.

Für mich spielt das transmoderne Denken mit Gender- und Geschlechtsbinaritäten, mit Körpersymbolen und fleischlichen Realitäten und schwimmt dabei im Fluss der Multiplizität. So entsteht ein Raum, in dem das Vaginale sowohl ein männliches als auch ein weibliches Geschlechtsorgan/-symbol sein kann, für alle verfügbar und sowohl passiv als auch aktiv einsetzbar. (25 f.)

Dieses längere Zitat dürfte selbst für Queer-Theoretiker nicht leicht zu verstehen sein, da Begriffe verschwimmen oder durcheinander gehen. Auch verwirbelt ist der Begriff des Vaginalen: Ist er nun, wie Hansbury an verschiedenen Stellen postuliert, so zu begreifen wie das Phallische, bei Freud noch eine psychogenetische Phase und ein Erlebensmodus, die bzw. den selbstverständlich Mädchen wie Jungen durchlaufen bzw. erleben? Oder doch auch eine organisch-anatomische Entität, die aber nicht an die Vagina gekoppelt ist?

Ich vermute das Letztere. Denn für Hansbury ist das Vaginale neben dem Symbolischen »sowohl ein männliches als auch ein weibliches Geschlechtsorgan« (sic! im Original: *sex organ*). Er führt an anderer Stelle aus:

Zum körperlichen Transgender-Erleben gehört oft Phantomisierung [...]. Viele Trans-Männer, die keinerlei operative Genitalrekonstruktion gehabt haben, berichten von dem konkreten Gefühl, einen Penis zu besitzen. Das Wort *Schwanz* (*cock* oder *dick*) wird unter Umständen für Umschnall-Dildos, für die physischen Genitalien des Transmanns oder für den körperlich empfundenen Phantomphallus verwendet. Auch eine lesbische Cisgender-Frau kann beim Liebesspiel einen Schwanz benutzen, ebenso wie manche nichtlesbische Cisgender-Frauen, die ihre männlichen Partner mit Umschnall-Dildos penetrieren. (18 f.)

Hansbury setzt hier offenkundig die Vorgänge des Phantasierens und des Phantomisierens dem Vorgang des Realisierens gleich. Doch ist das möglich?

Der Begriff der Realisierung, der bei Freud angelegt ist (s. z. B. das Versagen der halluzinatorischen Wunscherfüllung, z. B. 1900a), wird von Bion genau untersucht. Für ihn kann, ganz ähnlich wie für Freud, eine Realisierung nur eintreten, wenn sie auf eine unabhängige Realität trifft und diese Realität wie auch deren Unabhängigkeit akzeptiert werden kann. Er schreibt:

> Die Prä-Konzeption erfordert Sättigung durch eine Realisierung, die *keine* Ausstoßung durch die Sinne ist, sondern eine von der Persönlichkeit unabhängige Existenz hat. Die Halluzination entsteht durch eine Vorher-Bestimmung und erfordert Befriedigung durch (a) eine Ausstoßung aus der Persönlichkeit und (b) aus der Überzeugung, daß das Element seine eigene Ausstoßung *ist*. (1997, 174)

Sexuelles vaginales Erleben ebenso wie sexuelles phallisches Erleben braucht genau diese genitale Realisierung, um psychisch erfahrbar und strukturell-dynamisch integrierbar zu werden. Eine Frau (gender-genauer: ein Mensch mit einer Vagina / ohne einen Penis) kann in letzter Konsequenz nie phallische Sexualität nachvollziehen und umgekehrt. Hier gibt es eine unhintergehbare Grenze (außer bei Geschlechtsumwandlung, aber auch hier bleiben psychoanalytische Fragen, z. B. Empfindungs- und Zeugungsfähigkeit).[1] In der Phantasie ist vieles mög-

---

[1] Es versteht sich von selbst, dass zwischen dem vaginalen Erleben als einer generalisierten Konstruktion und dem individuellen, situativen Erleben ebenfalls eine unüberbrückbare Differenz besteht.

lich (und stimulierend), plastisch, multipel, fluide – doch die Realität bleibt jederzeit als Korrektiv existent. Bei der Phantomisierung wird die Grenze zum Omnipotenten und zur Halluzination, zum Psychotischen berührt.

Nun könnte von der Gender- und Queer-Theorie erwidert werden, dass Menschen sich nur selbst definieren können und sollen, sodass im Phantasieren und in der Phantomisierung Empfundenes als Realisierung begriffen werden könne. Es soll nicht das Empfinden, das Phantasieren begleiten kann, infrage gestellt werden. Und die Psychoanalyse muss sich diesem Unbekannten, dass im Trans- und im queeren Erleben neue Empfindungen entstehen, die über das Vaginale als Symbolisches hinausgehen, öffnen und die behandlungstechnischen und theoretischen Herausforderungen annehmen. Doch aus diesem neuen Empfinden kann nicht die These abgeleitet werden, dass die Betreffenden eine Vagina oder ein vaginales Erleben i.e.S. haben. Kurz: Das körperlich vaginale Empfinden bleibt an sein anatomisches Vorhandensein gekoppelt.

Männlich/weiblich und das Unbewusste

Wie sieht es nun mit dem Vaginalen als Pendant zum Phallischen aus? Freud entwickelte seine Konzepte des Phallischen und des Penisneids über die Beobachtung kindlicher Phantasien zum anatomischen Geschlechtsunterschied. Neben der lustvollen Neugier kennen alle, die Kinder unvoreingenommen beobachten, auch das ergebnislose Grübeln und die mühsamen Versuche, diese anatomische Differenz zu erfassen. Das Phallische als psychogenetische Phase und Form der Weltstrukturierung ist weitgehend anerkannt. Ob der Penisneid der Weisheit letzter Schluss ist, sei dahingestellt. Es hat sich, vor allem bei Psychoanalytikerinnen, schnell wissenschaftliche Skepsis breitgemacht, ob diese Konzepte begründbar sind oder nicht ergänzt werden müssen, Deutsch (1925), Horney (1923, 1926) und Klein (1957) werden neben vielen anderen häufig genannt. Doch keines dieser Konzepte hat sich durchgesetzt (außer Kleins Konzept des Neides auf die Brust, das aber eine gänzlich andere Funktion hat). Ob Hansburys Vaginales ein anderes Schicksal ereilt als die Vorläuferversuche? Hansburys Ausführungen des Vaginalen rücken aber in der Tat einen neuen Aspekt in den Vordergrund: Das »maskuline Vaginale«, das aggressiv und dominant ist, ziehend, saugend, klammernd (15; 45).

Aber mit einer solchen Fassung des maskulinen Vaginalen bewegt sich Hansbury wieder im multiplizitären Verständnis. Und sind die Kategorien ›männlich/weiblich‹, ›mütterlich/väterlich‹ eigentlich anders konzipierbar? Die Psychoanalyse hat nach meinem Verständnis übrigens nie ein binäres Modell vertreten – auch wenn es in fast jeder gendertheoretischen Arbeit behauptet wird. Freud unterstrich in seinem ganzen Werk,

> daß alle menschlichen Individuen infolge ihrer bisexuellen Anlage und der gekreuzten Vererbung männliche und weibliche Charaktere in sich vereinen, so daß Männlichkeit und Weiblichkeit theoretische Konstruktionen bleiben mit ungesichertem Inhalt. (1925j, 30; s. auch 1905d)

1920 schreibt Freud:

> Vielmehr handelt es sich um drei Reihen von Charakteren
>
> Somatische Geschlechtscharaktere — Psychischer Geschlechtscharakter
>   (Physischer Hermaphroditismus) $\left(\begin{array}{l}\text{männl.}\\ \text{weibl.}\end{array}\text{Einstellung}\right)$
>
> — Art der Objektwahl,
>
> die bis zu einem gewissen Grade voneinander unabhängig variieren und sich bei den einzelnen Individuen in mannigfaltigen Permutationen vorfinden. (Freud 1920a, 300)

Wieso Hansbury, der diese Stelle anführt, dann Freud ein binäres Modell unterstellen kann, bleibt sein Geheimnis. Ein binäres Modell ist forschungslogisch und grundlagentheoretisch gar nicht denkbar in der Psychoanalyse – Freud schreibt:

> Der Kern des Ubw besteht aus Triebrepräsentanzen, die ihre Besetzung abführen wollen, also aus Wunschregungen. Diese Triebregungen [...] bestehen unbeeinflußt nebeneinander, widersprechen einander nicht [...].
>
> Es gibt in diesem System keine Negation, keinen Zweifel, keine Grade von Sicherheit. All dies wird erst durch die Arbeit der Zensur zwischen Ubw und Vbw eingetragen. Die Negation ist ein Ersatz der Verdrängung von höherer Stufe. Im Ubw gibt es nur mehr oder weniger stark besetzte Inhalte. (Freud 1915e, 285)

Im Unbewussten gibt es keinen Satz vom zureichenden Grund, keinen Satz des Widerspruchs, keine Kausalität. Stattdessen herrscht Aufhebung der logischen Typenordnung, Verdichtung, Verschiebung, Zeitlosigkeit, die aber Rhythmus hat.

Klein hat dann die mehrdimensionale Organisation des Unbewussten weiter erforscht. Isaac (1948) vertiefte mit dem Begriff der unbewussten Phantasie als Basiselement des Psychischen die Dynamiken, sodass ein ganzes Universum an unbewussten bedeutsamen Objekten, Beziehungen und Affekten, die nach den Gesetzen des Unbewussten funktionieren, sichtbar wurde. Eine komplexe, dynamische, mehrfach geschichtete Welt, nur den Gesetzen des Unbewussten gehorchend, die permanent aktiv ist, unser Sein in der Welt bestimmt und die für die psychische Gesundheit unerlässlich ist.

Der Aspekt, dass im Psychischen bewusst/vorbewusst und unbewusst binokular zusammenwirken, »um Traumgedanken, unbewußtes Denken im Wachen und Speicherung im Gedächtnis möglich zu machen«, und nur dann eine strukturelle Schließung und Prozessierung des

Psychischen möglich ist, wurde von Bion (1990, 105) herausgestellt. Für Bion bringt das psychische Referenzsystem eigene Elemente hervor (1990, Kap. 19). Das strukturelle Unbewusste wurde von Matte-Blanco (z. B. 1998) schließlich genauer untersucht. Er geht von einer symmetrischen Logik aus, in der die Logik des Unbewussten, der Emotionen und des Unendlichen konvergieren. Permanent ist das Unbewusste damit beschäftigt, innere wie äußere Objekte zu umkreisen. D. h., dass das Unbewusste in seiner jeweils aktuell aktivierten Konfiguration und mit seiner eigenen Logik Eindrücken und Erlebnissen seinen Stempel aufdrückt. Insbesondere hat Matte-Blanco das Unbewusste um das Infinite, also die n-Dimensionalität, als ein wesentliches Merkmal ergänzt und dessen fundamentale Bedeutung für die Psyche herausgearbeitet (z. B. gezeigt, dass die Veränderung der Dimensionalität ganz andere Darstellungsformen erzwingt).

Das Unbewusste ist also komplex-chaotisch, aber nicht beliebig. Es folgt seiner eigenen Logik und seinen eigenen Gesetzen. Damit es erkannt werden kann, muss das Prinzip der radikalen Offenheit gelten. Dann kann es intuitiv erfasst werden, sich zeigen (Präsenzmoment; O) und in K, den Gesetzen des Bewusstseins unterworfen, bearbeitet werden (s. Freud 1895d, 295). D. h. aber auch, dass alle sekundärprozesshaften Bildungen potentiell mit einer komplex-chaotischen, symmetrischen, primärprozesshaften Welt verbunden sind, die jede binäre Scheidung verunmöglicht (s. auch Nissen 2018a)!

Die aus medizinischen Weiterentwicklungen sich ergebenden Veränderungen im Transsexuellen (mit oder ohne operativer Genitalveränderung) müssen Raum finden in der Psychoanalyse. Wir müssen zurückfinden in eine künstlich abgeblendete Haltung (die zuvorderst auf die reflexiven Ich-Funktionen zielt; s. Freud in einem Brief von 1916 an Andreas Salomé; 1980, 327) und werden neue Begriffe, Konzeptionen und Konzepte brauchen, um verstehen zu können. Wenn ein Mensch wie Buck Angel kommt, dieser muskulöse Kerl mit einer Vagina, müssen wir ihm begegnen und zuhören – ohne Pathologisierung oder Fixierung auf diese neue sexuelle Form (oder neuen sexuellen Formen) des Seins. Vielleicht wird seine vaginale Männlichkeit die ganze Analyse durchziehen, vielleicht nur peripheres Thema werden. Eine queere Behauptung der Selbstdefinition als einzig zulässige ›Identitätserklärung‹ ist im Psychoanalytischen nicht möglich. Die Selbstdefinition des Trans-Pornodarsteller als ›Mann mit der Muschi‹ wird im Unbewussten mit mannigfachen (Sach-)Vorstellungen, unbewussten Phantasien, Traumatischem usf. verbunden sein, Dimensionen, die ggf. in einer Behandlung bearbeitet werden müssten (bearbeiten/verstehen bedeuten nicht pathologisieren). Der Beliebigkeit von Deutungen (bzw. des Verstehens) sind durch die Gesetze des Unbewussten, die psychogenetische Gewordenheit und durch die Realität Grenzen gesetzt.

Dieser letzte Aspekt von Deutungen ist außerordentlich wichtig. Sie können sich nicht von einem Bezug zur Wirklichkeit und Wahrheit ablösen – Freuds Begriff der Tat (z. B. 1926e) und Bions Begriff des O (insbes. 1965, 1970; s. auch Nissen 2015) rücken diese Notwendigkeit ins Zentrum. Ein Beispiel: Wenn ein Patient sich mit HIV schwängern lässt (s. Hansbury 37 f.) oder glaubt, so seinen Partner in sich zu tragen, dann ist die Entdeckung dieser Vorstellung außerordentlich wichtig, doch eine Deutung, die auf dieser deskriptiven Ebene stehen bleiben würde, verfehlt analytisches Verstehen und lässt sich in ein in letzter Konsequenz konkretistisches Denken verwickeln. Schwangersein ist Leben, partnerschaftliche psychische Anwesenheit ist menschliche Repräsentanz, HIV bedeutete früher Tod (heute lebenslange medikamentöse Behandlung mit Nebenwirkungen und unbewusster Verbindung zum Tod) und HIV ist ein Virus. Eine verstehende, aufhebende Deutung muss genau diese Denkstörung inkludieren, z. B. »Sie glauben also wirklich, mit dem HI Virus Ihren Partner in sich zu haben?«, sodass der Irr-Sinn dem Patienten ad hoc evident wird.

Kevin: Vaginaler Neid
oder traumatische Einkapselung

Damit komme ich zu meinem letzten Kritikpunkt: Kevin. Hansbury folgt Kevin geduldig in seine anal-perverse, süchtige und objektlose Welt, die fast in seinen Tod geführt hätte. Hansbury zeigt durchaus eine Haltung, die wichtig ist: nicht Surfen, anales Einführen von Gegenständen usf. sofort pathologisch zu katalogisieren, sondern hinzuhorchen, was sich in diesem Material zeigt. Damit wir aber sehen können, was sich im Material zeigt, brauchen wir auch Konzepte, auch wenn diese (zirkulärparadoxe Unmöglichkeit) völlig in den Hintergrund treten müssen. Wir müssen dabei so offen bleiben, dass wir uns evtl. eingestehen können, dass die Ordnungen, über die wir verfügen, vielleicht nichts zu ordnen helfen (was in diesem neuen Feld nicht unwahrscheinlich ist), wir also ggf. neue Konzepte entwickeln müssen.

Wenn ich, mit allen Einschränkungen, die eine externe, sekundäre Betrachtung mit sich bringt, Kevins Agieren anschaue, sein süchtiges, zwanghaftes Surfen, die wenigen Bemerkungen zu sexuellen Kontakten, und die Übertragungsatmosphäre[2] auf mich wirken lasse, kann ich keine objektalen Ansätze, keine Suche nach einem Objekt wahrnehmen. Er kommt in Analyse, da er keine intimen, romantischen Beziehungen leben kann.

Rauschhaft, fast besinnungslos sucht Kevin zu einem Ort vorzudringen, der tief in seinem Leib liegt, den er als »saugendes Schwarzes Loch« (Hansbury 18) bezeichnet. Ungeschützter Analverkehr, hoffend die ›Objekte‹ (eher Gegenstände) stoßen bis dahin vor. Er bekommt

---

2   Die Übertragungsdynamik, inkl. der Tatsache, dass Hansbury Transgender ist, kann hier nicht untersucht werden. Lediglich der Hinweis sei erlaubt, dass die Übertragung nur auf der Oberfläche thematisiert worden zu sein scheint.

HIV. Für Hansbury ein psychisch-symbolischer Versuch, sich nicht als vaginal-kastriert zu erleben:

> Ich gehe davon aus, dass anal rezeptiver Sex ohne Kondom, besonders, wenn er in einem verzweifelten, zwanghaften Zustand ausgeführt wird, eine psychische Schutzfunktion übernehmen soll. Es geht dabei darum, Gender-Inklusivität zu bewahren oder zurückzugewinnen und laut und deutlich zu erklären: »Ich bin nicht vaginal kastriert. Ich bin offen, ich habe ein Inneres. Ich bin nicht verschlossen.« (35)

Was wird hier gesagt? Analer Sex, häufig anonym in Darkrooms, hat eine psychische Schutzfunktion, bewahrt Gender-Inklusivität und versichert vaginale Potenz. Wenn Interventionen auf dem Verstehen solcher Dimensionen stehenbleiben, wird Realität verleugnet und psychische Not und existentielle Angst negiert (s. o.).

Hansbury erkennt die tödliche Gefahr, glaubt aber, dass »eher protektive, lebensbejahende Bestrebungen, die sich in einem eine HIV-Infektion provozierenden Sexualverhalten verbergen können« (38), anzuerkennen seien. Stimmt – aber nicht psychisch-symbolisch, sondern als konkretistisches, lebensbedrohliches Agieren. Hansburys Bemerkung: »Aber wie alle Schutzmaßnahmen haben auch diese ihren Preis« (38), wirkt auf mich zynisch.

Könnte es nicht sein, dass Kevin sich schon wenige Monate nach Beginn der Analyse mit der die HIV Tiefendimension nicht aufhebenden Deutung (T→O) objektlos, verloren und existentiell alleine gelassen fühlte, sodass die Anlage zu einer Als-ob-Analyse gelegt wurde? Kevin beginnt sich anzupassen, fast können wir die Entwicklung eines falschen Selbst *in vivo* beobachten.

Irgendwann wird das Wort Fotze eingeführt, das zu einem zentralen Begriff wird, vielleicht der Begriff, mit dem Kevin glaubt das Objekt (Analytiker) erreichen und interessieren zu können. Seine suchtartige, besinnungslose Fixierung, sich große Gegenstände in den Anus einzuführen, könnte diesen Anverwandlungsversuch an den Analytiker bedienen. Er will, er muss dieses Schwarze Loch erreichen, dass durch einen »fest sitzenden Ring« (39) gesichert ist. Er perforiert seinen Darm, entkommt dem Tod knapp.

Hansbury bleibt bei seiner Deutungslinie, sieht dieses Agieren als Versuch, seine Vagina zu befreien: »Vielleicht ist Ihre Fotze größer und mächtiger als die Ihrer Mutter, und Sie haben Angst, Ihre Mutter könnte sich, wenn sie das wüsste, für ihre minderwertige Fotze schämen und Sie um die Ihre beneiden.« (41)

Ob in diesem ringförmig gesicherten Schwarzen Loch wirklich nur eine ›Fotze‹ zu entdecken ist? Es fällt aber auf, dass Hansbury an keiner Stelle auf andere Konzepte, dieses objektlose Agieren zu verstehen, rekurriert. So wird seine konzeptuelle zu einer überwertigen Idee. Warum spielen naheliegende Konzepte, wie z. B. die folgenden, keine Rolle?

Winnicott (1974) entwickelt das Konzept des Zusammenbruchs, in dem in einer frühen Lebensphase das going on being so unterbrochen wird, dass ein Zustand der Leere, des Nichts als totale Bedrohung erlebt wird. Tustin (1989) spricht von Zuständen zu früher Trennung, die so erlebt werden, als seien eigene Körperteile abgerissen worden (z. B. Mund, Lippen), sodass Löcher entstehen, die puren Schrecken verbreiten. Meltzer et al. (1975) und Tustin (1972; 1988; 1989) verweisen darauf, dass der Gebrauch autistischer Objekte (i. w. S.) häufig in fetischistischer und perverser Erregung einhergeht, die masturbatorischen Charakter erlangen kann, einen Aspekt, den Joseph (z. B. 1982) bei Rückzugspatienten und Steiner (1993) für seelische Rückzüge beschreiben. Green (1993, 216) beschreibt autoerotische Erregungen, Trennungen von Körper und Seele, von Sinnlichkeit und Zärtlichkeit sowie eine Blockierung der Liebe. Meltzers (2005) Konzept des Claustrums, *nomen est omen*, mit seinen körpergeographischen Verwirrungen und dem Begriff der intrusiven Identifizierung drängt sich regelrecht auf. De Masi (z. B. 2010; 2016; auch in diesem Band) hat die Formen perverser Sexualisierung detailliert herausgearbeitet, den Sog in den sexualisierten Rückzug eindringlich beschrieben, gezeigt, dass die innewohnende Destruktivität eine -L (minus L) Operation ist. Auch das Konzept der autistoiden Einkapselung gehört hierher, in dem frühe namenlose Traumata im Leib eingekapselt werden. Der Leib hat keine psychische Qualität (wie der Körper), das Eingekapselte ist pochend immer präsent, kann aber nie erreicht werden. Abgesichert werden solche Dynamiken mit perversen und autistoiden Bildungen (Nissen, z. B. 2010; 2018b).

Hätten solche Konzepte und Theorien nicht doch eine andere Perspektive ermöglicht, die das spürbar Objektlose, das Konkretistische, die extreme, perverse Sexualisierung, die Sucht nach Todesnähe usw. sichtbar gemacht hätten? Oder andersherum gefragt: Haben sich nicht Analytiker wie Analysand in eine Als-ob Dynamik begeben, waren in einer gemeinsam erzeugten Erregung gefangen? Hansbury bleibt bei einer symbolischen Deutungsebene, die von psychisch qualifizierten Elementen und entwickelten, wenn auch im Schwarzen Loch verschwundenen Konzeptionen ausgeht. Für mich mehr als zweifelhaft.

Wer heilt, hat recht, sagt die Medizin. Das stimmt. Aber ob die Operationen das Heilsame waren, ist damit nicht gesagt. Vielleicht hat Kevin sich anverwandelt, hat das Halten, das es wohl gab, still genutzt, um von seiner Innenwelt einmal einem Objekt etwas zu zeigen. Ob das Objekt das verstanden hat?

Schluss

Und wo bleibt die Liebe?

Literatur

Bion, W. R. (1962): Learning from Experience. London: Tavistock. Dt. (1990): Lernen durch Erfahrung. Frankfurt a. M.: Suhrkamp.

Bion, W. R. (1963): Elements of Psycho-Analysis. London: Heinemann. Dt. (1992): Elemente der Psychoanalyse. Frankfurt a. M.: Suhrkamp.

Bion, W. R. (1965): Transformations. London: Tavistock. Dt. (1997): Transformationen. Frankfurt a. M.: Suhrkamp.

Bion, W. R. (1970): Attention and Interpretation. London: Tavistock. Dt. (2009): Aufmerksamkeit und Deutung. Tübingen: edition diskord.

De Masi, F. (2010): Die sadomasochistische Perversion. Stuttgart-Bad Cannstatt: frommann-holzboog.

De Masi, F. (2016): Liebe und Perversion: Eine unmögliche Verbindung. In: Jahrbuch der Psychoanalyse 72, 103–123.

Deutsch, H. (1925): Psychoanalyse der weiblichen Sexualfunktion. Leipzig/Wien/Zürich: Intern. Psychoanalytischer Verlag.

Freud, S. (1895d): Studien über Hysterie. GW I, 75–251.

Freud, S. (1900a): Die Traumdeutung. GW II/III.

Freud, S. (1905d): Drei Abhandlungen zur Sexualtheorie. GW V, 29–145.

Freud, S. (1912b): Zur Dynamik der Übertragung. GW VIII, 364–374.

Freud, S. (1912e): Ratschläge für den Arzt bei der psychoanalytischen Behandlung. GW VIII, 375–387.

Freud, S. (1914g): Erinnern, Wiederholen, Durcharbeiten. GW VIII, 126–136.

Freud, S. (1915e): Das Unbewußte. GW X, 264–303.

Freud, S. (1920a): Über die Psychogenese eines Falles von weiblicher Homosexualität. GW XII, 271–302.

Freud, S. (1925j): Einige psychische Folgen des anatomischen Geschlechtsunterschieds. GW XIV, 19–30.

Freud, S. (1926e): Zur Frage der Laienanalyse. GW XIV, 209–286.

Freud, S. (1927e): Fetischismus, GW XIV, 311–317.

Freud, S. (1980): Briefe. Hg. v. E. und L. Freud. Frankfurt a. M.: S. Fischer.

Green, A. (1993): Die tote Mutter. In: Psyche 47, 205–240.

Horney, K. (1923): Zur Genese des weiblichen Kastrationskomplexes. In: Internationale Zeitschrift für Psychoanalyse 9, 12–26.

Horney, K. (1926): Flucht aus der Weiblichkeit. In: Internationale Zeitschrift für Psychoanalyse 12, 360–374.

Isaacs, S. (1948): The nature and function of phantasy. In: International Journal of Psychoanalysis 29, 73–97.

Joseph, B. (1994): Die Sucht nach Todesnähe. In: Ders.: Psychisches Gleichgewicht und psychische Veränderung. Stuttgart: Klett-Cotta, 189–206.

Klein, M. (1957): Envy and gratitude. In: Envy and Gratitude and Other Works, 1946–1963. London: Hogarth Press 1975, 176–235. Dt. (1995): Neid und Dankbarkeit. Eine Untersuchung unbewußter Quellen. In: Gesammelte Schriften, Bd. III. Hg. v. R. Cycon. Stuttgart-Bad Cannstatt: frommann-holzboog, 279–367.

Kuhn, T. S. (1978): Die Struktur wissenschaftlicher Revolutionen. Frankfurt a. M.: Suhrkamp.

Matte-Blanco, I. (1998): Thinking, feeling, and being: Clinical reflections on the fundamental antinomy of human beings and world. London: Routledge.

Meltzer, D. et al. (1975). Explorations in Autism. Oxford: Clunie Press.

Meltzer, D. (2005): Das Claustrum. Eine Untersuchung klaustrophobischer Erscheinungen. Tübingen: edition diskord.

Nissen, B. (2010): Zur nichtobjektalen autistoiden Perversion. In: Jahrbuch der Psychoanalyse 60, 55–79.

Nissen, B. (2015): Faith (F) and Presence (O) in analytic processes. An example of a narcissistic disorder. In: International Journal of Psychoanalysis 96, 1261–1281.

Nissen, B. (2018a): Frei-schwebend zum Ereignis. Der Prozess zur Deutung. In: Psyche 72, 847–868.

Nissen, B. (2018b): Hypochondria as an actual neurosis. In: International Journal of Psychoanalysis 99, 103–124.

Steiner, J. (1993): Psychic Retreats. London: Routledge.

Tustin, F. (1972): Autism and Childhood Psychosis. London: Hogarth.

Tustin, F. (1988): Autistische Barrieren bei Neurotikern. Frankfurt a. M.: Nexus.

Tustin, F. (1989): Autistische Zustände bei Kindern. Stuttgart: Klett-Cotta.

Winnicott, D. W. (1974): Fear of breakdown. In: International Review of Psycho-Analysis 1, 103–107.

Sachregister

Abspaltung 22
Abwehr 79
aggressiv 28, 67, 89
aktiv 26–28, 34, 38, 52, 86, 90
Akzeptanz 11, 67
Allianz 81
Als-ob-Analyse 94
Als-ob-Beziehung 14
Ambiguität 33, 37
anal 20, 35–36, 38, 52, 76, 78–79, 80, 93–94
Analyse 10, 20, 54, 74–75, 77–78, 82, 92–94
Analytiker 9, 12, 14, 17, 22–23, 27, 31, 33, 42–43, 53–54, 68–70, 75–82, 84, 94–96
analytisches Drittes 51
analytische Haltung 65
androzentrisch 54
Angriff 37–38, 67, 69
Angst 21–22, 29, 32, 34–35, 37, 40–41, 69, 80, 94–95, 99
Anus 11, 13, 16, 18, 23, 25, 29, 66–67, 75–77, 81, 94
Attribut 23
Aufmerksamkeit, gleichschwebende 54

autistisch 95

Baby 58
Barebacking-Kultur 37
Bedeutung 13, 20, 26, 32, 42, 52–53, 58–59, 61, 64–65, 67–70, 85, 91
Bedrohung 30, 34–35, 95
Begehren 10, 24, 29–30, 50, 53, 64
Begriff 12–13, 15–19, 22, 25–27, 29, 33, 50, 52, 58, 61, 74, 86–87, 90–92, 9–95
Besetzung 90
bewusst 20, 22–24, 37, 45, 66, 75, 82, 90
Bewusstsein 17, 91
Beziehung 8, 11–12, 15, 17, 20, 34, 43, 52–54, 58, 60–61, 79, 81, 90, 93
binär 10, 16, 23, 25–27, 29, 43, 50, 54, 58, 65, 85–86, 89–91
Binarität 25, 29, 65, 85–86
Binokular 90
biologisch 25, 73, 84–85
bisexuell 33, 89
Borderline-Symptom 42
Brust 8, 32, 58, 89
Buck Angel 12, 28, 30, 91

Cisgender 11, 16–20, 22, 24, 27, 29–30, 36, 43, 45, 50, 58, 74, 81, 86–87
cock 19, 86
coming out 67
Container 68
Couch 20
cruisen 34
Cruising 34
cunt 18, 76–77

Darkroom 8, 94
Daten 7
Definition 11, 25, 85
dekonstruieren 12, 26, 52–53, 85
Dekonstruktion 12, 52
Denken 7, 11, 13–14, 20, 23, 26, 43, 50–51, 57, 62–64, 86, 90, 92
Denkmodell 50
Depression 80
destruktiv 38, 40
Deutung 10, 77, 92, 94
Deutungslinie 12, 95
dialektisch 26, 61, 86
Dichotomie 12, 26, 49, 50, 52–53, 85
dick 19, 86
Dildo 19, 86–87
Disposition 7, 10
dominant 28, 89
Drogen 39, 42, 79, 81
Dualismen 50–51
Dynamik 10, 14, 40, 77, 80, 83, 90, 96
dynamisch 69, 76, 90
dysmorphophobisch 13, 75
Dysphorie 45

Eindringen 38
Einkapselung 93, 96
Einstellungen 64
Ekstase 36
emergenter Modus 12, 59
emotional 34, 36, 38, 52–53, 66, 68–70, 76
empfänglich 23
Empfänglichkeit 17, 43, 52, 57
Entität 13, 74, 80, 86
Entwicklung 7–8, 13, 60, 64, 78, 94
Entzug 78
Erfahrungsmodi 59
Erkenntnis 68, 84
erogen 53
erotisch 25, 31, 52, 75
Erregung 11, 95–96
Erzeuger 8
Exhibitionismus 32, 45
Existenz 52, 57, 81, 87

Fall Schreber 78
Fantasie 15, 17, 19, 20, 21–24, 27, 30–32, 34, 39, 50, 52, 66, 68, 78, 80
feminin 19, 21, 35, 37, 77
Feminismus 25, 85
fetischistisch 95
Fixierung 81, 91, 94
Fotze 11, 18–19, 22, 39, 41, 43, 66–68, 76–77, 94–95
Frau 8–9, 19–20, 23–24, 28, 30–34, 36–38, 50, 54, 58, 66–67, 75, 78, 86–87
Freude 36, 45

Funktion 12, 35, 52–53, 57–58, 64–65, 75, 89, 91, 94

Gebären 33
Gebärmutter 57
Gebärmutterverpflanzung 8
Gefühl 19–20, 22, 39–40, 45, 60, 69, 74, 81, 86
Gegenübertragung 9, 30, 35, 40, 43, 53, 61, 70
Geheimnis 20, 90
Gender 8, 10–11, 15–17, 21, 23–27, 33, 35, 37, 38, 44, 46, 49, 61, 63, 65–67, 75, 85
Gender-Horror 29, 61
Genitalien 19, 29, 31–32, 66, 86
Genitalität 32, 34
Geschichte 22, 31, 43, 54
Geschlecht 11, 15–18, 21–23, 25, 27, 33, 45, 53–58, 74–75, 85
– Geschlechterphänotypien 8
– Geschlechtscharakter 27, 89
– Geschlechtsidentität 61, 75, 77
– Geschlechtsorgan 25, 26, 27, 86
– Geschlechtsumwandlung 87
going on being 95
Google 20
Grandiosität 25, 67, 85
Grenze 11, 15–16, 31, 45, 51, 53–54, 57, 60, 67–68, 77, 87–88, 92
Girlyboy 35, 36, 37, 43, 45

Halluzination 87–88
halluzinatorische Wunscherfüllung 87
Halten 96

Herausforderung 9–12, 14, 54, 64, 68, 88
Hermaphroditismus 89
heterosexuell 8, 16, 19, 20, 24, 29, 30, 35–36, 38, 53, 58
HIV-Infektion 34, 38, 94
Hoden 24
Höhle 76, 81
Hören 12, 49, 54, 83
Homophobie 31
homosexuell 8, 16, 35, 50, 58, 64, 81
Hypothese 74
Hysterie 42

Ideal 84
Identifizierung 30, 61, 67, 95
Identität 8, 16, 19, 20–21, 23, 26, 29, 42, 59, 61, 69, 74, 77, 86
Ideologie 54
imaginär 53
imitativ 77
Individuum 60, 64, 84
Infinites 91
Inklusion 21
Innenwelt 39, 96
Innerlichkeit 33, 52, 57
Interaktion 59, 60
– *commensale* 60
– *Container/Contained-* 59
– *parasitäre* 59, 60
– *symbiotische* 59
Internet 11, 27, 34, 78
Interpretation 31, 41, 76
Intrusion 80
Intuition 64, 70
Isolation 84

Junge 21, 31–32, 34–36, 39, 58, 86

Kastration 19, 23, 32, 36–37, 42, 53, 78–79
Kastrationsangst 31–35, 37, 53, 57–58
Katastrophe 60
Körper 13, 16–17, 20, 25, 26–27, 29, 30, 32, 37, 4– 46, 58, 61, 74, 76, 84–85
– Körperlichkeit 23, 44
– Körperöffnung 18, 28, 31, 43
– Körpersprache 20
– Körperteile 16, 18–19, 33, 95–96
Koitus 78
Kollusion 13, 81
Kombination 22, 27
Kommunikation 83
Kompetenz 80–81
Komplexität 50–51, 54
Kondom 34–35, 37–38, 67, 78, 94
Konfrontation 64–65
Konfusion 13, 80, 82
Konstanz 59–60
Konstruktion 10, 12, 33, 50–51, 53, 68, 69, 73, 87, 98
kontinuierlicher Modus 12, 59
Kontinuum 25, 60, 75, 85
Kontrolle 7, 34, 36
Konzept 10, 12, 17, 21, 25, 37, 51, 57–59, 83–85, 88–89, 91, 93, 95–96
Konzept des analytischen Feldes 51
Konzeptualisierung 11–14, 17, 54
Krankheit 42
Kreativität 45, 60

Kultur 19, 27, 35, 38, 43, 50, 63, 77

Leere 95
Leihmutterschaft 8
Lesbisch 16, 19, 86–87
Leugnung 76
Liebe 22, 36, 95–96
Loch 29, 95–96
Logik 54, 64, 91
lyrische Dimension 12, 59–60

Macht 33, 40, 53, 77
Mädchen 22, 31–32, 36, 37, 44, 58, 79, 86
malignes Containment 60
Mangel 45, 53
Mann 8–9, 11–12, 15–20, 22–25, 27–38, 43–45, 50, 52–53, 57–58, 66–67, 77–78, 86, 92
männlich 9–10, 12–13, 16, 18– 20, 23–28, 30–33, 35, 37, 43, 45, 49, 50, 53, 57–58, 61, 65, 74–75, 77–78, 85–89
maskulin 11, 15, 19, 21, 28, 30–31, 34, 45, 49, 51, 74, 89
Maskulinität 27, 29, 30, 35
Masturbation 76, 79
Menopause 8
Metapher 37, 39, 42
Metatheorie 51
Migration 7, 50
Milch 58
Modell 10, 25–26, 50, 81, 85–86, 89–90
Morphologie 29, 58
Multipel 26, 85, 88

Mund 28, 95
Muschi 12, 18–19, 28–29, 31, 92
muskulös 12, 28, 91
Mutter 8–9, 11, 22, 39–42, 44, 53, 69–70, 80, 95

naiv 21
narzisstische Störung 42
Negation 90
Neid 14, 21–22, 32–33, 89, 93
Neukonstruktion 52
neurotisch 84
Nichtkonformität 63, 65
Nichts 95
normativ 21, 35, 38, 79
Normen 36, 38

O 91–92, 94
Objekt 21, 32, 43, 80, 90–91, 93–96
objektlos 93–96
Objektwahl 27, 89
ödipale Phase 58
Ödipus 59
Ödipuskomplex 10–11, 50, 59
offen 8, 19, 22–23, 35–37, 41, 54, 61, 78, 81, 83, 93–94
Offenheit 10, 17, 20, 22, 32–33, 35, 37, 43, 52, 74, 91
omnipotent 25, 85, 88
Omnipotenz 13, 33
Operation 9, 58, 78, 96
Organ 25, 33, 57–58, 74–75, 77
Orientierung 43, 76,
orthodox 26, 86

Panik 39

passiv 26–28, 34–35, 38, 86
Pathologie 64, 79, 81
pathologische Organisation 76
Patienten 9–11, 13, 16, 18–24, 27, 29, 31, 34–36, 40, 43, 45–46, 61, 65–67, 69, 73–74, 76–82, 92, 95
Penetration 23, 30, 34, 41, 67, 78–79
penetrieren 19–20, 24, 28, 30, 32, 39, 58, 78, 87
Penis 8, 18–19, 24, 27, 31–34, 58, 67, 86–87
Penisneid 88
Perineum 24
Permutation 27, 89
Persönlichkeit 30, 63, 73, 77, 87
Perspektive 12, 33, 50, 68
Perzeption 12, 59
phallisch 11–12, 15, 17, 23, 28, 33, 50, 52–53, 86–88
phallischer Monismus 64
Phallus 19, 27, 31, 52–53, 86
Phänomen 15–16, 24, 42, 59
Phantasie 87–88, 90, 92
Phantom 19, 24, 86
Phantomisierung 12, 18, 58, 86–88
Polarität 50, 54
Polemik 64
Politik 64
Polyamorie 8
Polyfidelity 8
Pornographie 28
Postmoderne 63
Postmodernismus 25, 85
post-postmodern 25, 84
Prä-Konzeption 87
Präsenz 37, 69, 74

Präsenzmoment 91
Primärprozess 68, 91
Problem 30, 34, 40, 43, 50, 65, 69, 74, 77–78
protektiv 38, 94
Provokation 64
Psyche 13, 20, 22, 67, 74, 76–78, 81–82, 91
psychischer Raum 12, 16, 21, 34, 59–60
Psychoanalyse 7–11, 13–14, 17, 19, 23, 25, 29, 31–33, 42, 49–51, 54, 61, 65, 83–85, 88–91
psychoanalytic edge 13, 65–66, 70
Psychose 42
psychotisch 73, 78, 80, 82, 88

queer 8, 11–12, 14, 16–17, 23, 26–27, 29–30, 38, 43, 54, 84–85, 88, 92
Queer-Theorie 26, 75, 86, 88

Rationalität 64
Raum 10, 16, 18, 20, 22, 26, 32, 39–40, 42, 45, 51, 60–61, 81, 86, 91
Reaktionsbildung 19
Realisierung 59, 87–88
Realität 13, 16–17, 22, 26, 65, 68, 82, 86–88, 92, 94
Realitätsprüfung 22
Rebellion 21
Referenzsystem 91
Reiz 29
reparativ 53
Repräsentation 70, 74–75

Residuum 78
rezeptiv 19, 28, 30, 34–36, 38, 74, 77, 94
Rhythmus 90
Roboter 8

Scham 19, 21–22, 35, 40, 43
Schwangerschaft 32, 34, 37–38
Schwanz 11, 18–19, 86–87
Schwarzes Loch 18, 31, 76, 93, 95–96
schwul 11, 16, 18–20, 23–24, 28–31, 34–38, 43–44
sekundärprozesshaft 64, 91
Selbst 18, 22, 29, 43, 45, 58, 60–61, 67, 69, 73, 84, 94
– Selbstbestrafung 67
– Selbstdefinition 8, 24, 92
– selbstdestruktiv 37, 67, 80
– Selbstzerstörung 13, 67
Sex 20, 23, 27–32, 34–38, 40–41, 94
Sexualisierung 76, 81–82, 95–96
Sexualverhalten 34, 38–39, 94
sexuelles Erleben 21, 87
sexuelle Orientierung 20, 24, 53–54
Sicherheit 14, 34, 36, 90
Sinnlichkeit 95
Soma 22
somatisch 10, 68, 89
Spaltung 7
Spannung 9, 26, 54, 64, 86
Spaß 41
Spenderkind 8
Spiegelung 67
Spiele 16, 23, 44, 79
Sprache 11, 28, 38, 50

Stimme 18, 22, 66
strukturell 68, 87, 90–91
Subjekt 12–13, 26, 58, 61, 86
Subjektivität 12, 50–51, 70
Subjekt-Werdung 12, 50–51
Sucht 96
süchtig 76–77, 79–80, 93
Suggestion 69
Swinger-Club 8
symbolisch 12, 17, 25, 33, 52–53, 58, 86, 88, 94, 96
Symbolisierung 68

Tat 92
Teile 13, 18–20, 22–23, 25, 29–33, 37, 40–41, 43, 45, 77, 80–81, 85
teleologisch 83
theoretisch 8, 10, 13, 17, 49–51, 74, 82, 88–90
Theorie 9, 12, 31–32, 49, 51, 54, 64, 75, 78, 81, 83, 96
Therapie 9, 34, 36, 43, 76, 78, 81–82
Tod 38–39, 92–93, 95–96
Tradition 12, 32
transgender edge 12–13, 15–16, 21, 31, 45, 50, 54, 62, 65–67, 70
Transgender-Erleben 15–16, 18, 86
Transmaskulinität 44
transmodern 25–26, 29, 75, 85–86
Transmodernismus 25
Transsexualität 42, 73, 75, 78
Trauer 32
Traum 13, 24, 39, 42, 60, 68–70, 90
Trauma 96
traumatisch 40, 67, 69–70, 92
triadisch 50

Trieb 21, 34, 90

Überforderung 7, 10
Übergangsraum 16, 50
Über-Ich 21, 80
Überinklusivität 21
Übertragung 10, 13, 20, 24, 40, 43, 53, 67, 69, 93
unbewusst 23, 30, 38, 67, 69, 83, 90, 92
Unbewusstes 13, 68, 90–92
ungeformt 68
Unterschied 15–16, 18, 21, 24, 29, 58, 88
Unterwerfung 69, 80
urinieren 58
Uterus 32–33

Vagina 8, 12–13, 16–17, 19–20, 22–25, 27–33, 45, 52, 57, 74–75, 77–78, 81, 86–88, 91, 95
Vaginales 11–13, 15, 17, 25–27, 31, 52, 74–75, 78–80, 86, 88–89
vaginale Kastration 32, 34–38, 40, 53, 57, 74, 79–80, 94
Vaginalität 22, 27–28, 43
Variable 54
Variation 58
Vater 8, 22, 36, 41, 44, 58
Verbot 21
Verdichtung 68, 90
Verdrängung 13, 61, 90
Verführung 67, 69
Vergangenheit 25, 85
Vergewaltigungsfantasie 32, 34
Verkörperung 30, 58, 61

Verlangen 30, 33
Verleugnung 67
Verlust 7, 31–32, 69
Versagen 7, 13, 61–62, 87
Verschiebung 68, 90
Versuch 11, 38, 61, 69, 88–89, 94–95
virtuell 8
vorbewusst 90

Wahn 13, 75, 78
Wahrheit 64–65, 77, 92
Wahrnehmung 54, 74–75
weiblich 10–13, 15–21, 23, 25–27,
    31–32, 34, 36–37, 50, 52–53, 58,
    61, 64–65, 74–75, 77, 85–86, 89

Widerspruch 29, 90
Wunsch 10, 22–23, 30–31, 58, 65,
    69, 75
Wunschregung 90

Zeitlosigkeit 90
Zensur 90
Zugang 17, 23, 30, 33, 53
Zusammenbruch 95
Zwang 42
Zweifel 74, 90

JUDITH LE SOLDAT
Werkausgabe

Herausgegeben von der Judith Le Soldat-Stiftung. Kritisch ediert, kommentiert und eingeleitet von Monika Gsell. *5 Bände. 2015 ff. Broschur. ISBN 978 3 7728 2680 1.*

Judith Le Soldats (1947–2008) Beitrag zur Weiterentwicklung der psychoanalytischen Theorie beinhaltet eine grundlegende Revision der klassischen Auffassung des Ödipuskomplexes und, darauf aufbauend, eine neue psychoanalytische Theorie der Homosexualität. Die auf fünf Bände angelegte, mit editorischem Kommentar und Schlagwortverzeichnis versehene Werkausgabe macht Le Soldats Schriften in ihrem konzeptuell eng aufeinander bezogenen Zusammenhang zugänglich.

GRUND ZUR HOMOSEXUALITÄT

BAND 1: Vorlesungen zu einer neuen psychoanalytischen Theorie der Homosexualität. Aus dem Nachlass herausgegeben von der Judith Le Soldat-Stiftung. Kritisch ediert, bearbeitet, kommentiert und eingeleitet von Monika Gsell. *2015. 336 S., 35, davon 10 farbige Abb. Broschur. ISBN 978 3 7728 2681 8.* **Lieferbar**

›Grund zur Homosexualität‹ eröffnet ein radikal neues Verständnis der psychischen Prozesse, die an der Herausbildung dessen beteiligt sind, was wir sexuelle Orientierung nennen. Dabei wird nicht nur das Alltagsverständnis von Homo- und Heterosexualität hinterfragt. Auch unsere Vorstellungen davon, was Männlichkeit und Weiblichkeit bedeuten, werden auf ganz neue Grundlagen gestellt. Die Theorie, die uns Judith Le Soldat mit diesem Buch zur Verfügung stellt, ist denn auch viel mehr als eine Theorie der Homosexualität: Sie zeigt, dass eine genaue Analyse des Phänomens der Homosexualität zugleich ganz neue, bisher unerkannte Einsichten über das grundsätzliche Funktionieren der menschlichen Seele erlaubt.

»Le Soldats Revision des Ödipuskomplexes ist atemberaubend, verwirrend, löst starke Affekte aus. Le Soldat greift die Mängel, Widersprüche und Ungereimtheiten von Freuds Triebtheorie auf und vermag manches mit brillantem Verstand und grossem Wissen aufzulösen. Damit beschert sie uns erneut jene Zumutung, die wir Freud ursprünglich verdanken: die von heftigsten Widerständen begleitete Auseinandersetzung mit den Ungeheuerlichkeiten unserer Triebwelt.« *Journal für Psychoanalyse*

»Er [Le Soldats Ansatz] erscheint mir als eine spannende Einladung an die Analytiker, das Forschen und Nachdenken über die infantile Sexualität und den Ödipuskomplex zu vertiefen. Auch hilft er, den Widerstand des Analytikers gegen das ödipale Thema, der sich auch im Ignorieren bzw. Vernachlässigen dieser Aspekte in der Literatur und in der Diskussion unter Psychoanalytikern zeigt, zu erkennen und zu überwinden.« *Markus Fäh, Psyche*

LAND OHNE WIEDERKEHR

BAND 2: Auf der Suche nach einer neuen psychoanalytischen Theorie der Homosexualität. Aus dem Nachlass herausgegeben von der Judith Le Soldat-Stiftung. Kritisch ediert, bearbeitet, kommentiert und eingeleitet von Monika Gsell. *2018. 413 S., 20 Abb. Br. ISBN -2682 5. Lieferbar*

Band 2 der Judith Le Soldat-Werkausgabe enthält die Edition des zweiten bisher unveröffentlichten Buchmanuskriptes aus Judith Le Soldats Nachlass. Die Autorin beabsichtigte mit diesem Buchprojekt, ihre aus der Arbeit mit homosexuellen Analysanden gewonnenen Erkenntnisse *in statu nascendi* darzulegen. ›Land ohne Wiederkehr‹ beschreibt einen von verschiedenen möglichen homosexuellen Wegen der inneren Entwicklung. Darüber hinaus ist das Buch ein gleichermaßen überraschendes wie bewegendes Zeugnis eines Prozesses der Selbsterkenntnis geworden – einer Selbsterkenntnis zumal, die nicht nur für die – heterosexuelle – Autorin, sondern auch für die zu formulierende Theorie ganz unerwartete und grundlegende Konsequenzen haben sollte.

RAUBMORD UND VERRAT

BAND 3: Eine Analyse von Freuds Irma-Traum. Kritisch revidierte Neuausgabe von ›Eine Theorie menschlichen Unglücks‹ (1994). Neu herausgegeben von der Judith Le Soldat-Stiftung. Mit einer Einleitung von Monika Gsell. *Br. Ca. 520 S., 1 Abb. ISBN -2683 2.*   *Januar 2020*

Mit Band 3 der Werkausgabe wird Judith Le Soldats 1994 erstmals erschienene Theorie der ödipalen Entwicklung neu aufgelegt, und dies unter dem von der Autorin ursprünglich vorgesehenen Titel ›Raubmord und Verrat‹. Denn anders als der etwas sperrige Titel der längst vergriffenen Erstausgabe (›Eine Theorie menschlichen Unglücks‹), wirft uns Raubmord und Verrat mitten ins Geschehen – die inneren Verhängnisse nämlich, in die wir uns Le Soldat zufolge im Verlaufe der ödipalen Entwicklung unvermeidlich verstricken. Es ist auch kein Zufall, dass der Titel an einen Kriminalroman erinnert: Denn mit Raubmord und Verrat sind nicht nur zwei bedeutsame Ereignisse des inneren, ödipalen Plots benannt – auch die Methode, mit der die Autorin ans Werk geht, erinnert an die akribische Spurensuche eines Detektivs. Schauplatz des Geschehens ist nichts Anderes als »Irmas Injektion« – Freuds Initialtraum der Psychoanalyse. Was Le Soldat hier aufdeckt, enthüllt ein ganz anderes und unvergleichlich heftigeres Drama als es die klassischen psychoanalytischen Konzepte zum Ödipuskomplex bisher annehmen ließen.

AGGRESSION – TRIEB – STRUKTUR

BAND 4: Zur Wirkung von aggressiver Triebenergie in der psychischen Strukturbildung. Kritisch revidierte Neuausgabe von ›Freiwillige Knechtschaft. Masochismus und Moral‹ (1989). Neu herausgegeben von der Judith Le Soldat-Stiftung. Mit einer Einleitung von Monika Gsell. *Broschur. Ca. 410 S. ISBN 978 3 7728 2684 9.*   *2. Halbjahr 2020*

Mit Band 4 der Werkausgabe wird Judith Le Soldats erste Monografie, die 1989 unter dem Titel ›Freiwillige Knechtschaft. Masochismus und

Moral‹ erschien, neu aufgelegt. Es handelt sich um eine Studie über den Aggressionstrieb in seiner passiven, masochistischen Ausprägung. Ausgangspunkt ist die Frage, weshalb so viele Menschen die gesellschaftlichen Herrschaftsverhältnisse unterstützen, unter denen sie leiden. Le Soldat widerlegt im Verlaufe ihrer Untersuchung die These von der »freiwilligen Knechtschaft« (Étienne de La Boétie), wonach die Menschen einen heimlichen, nämlich »masochistischen« Genuss aus autoritären Strukturen beziehen würden. Gleichzeitig entwickelt sie ein neues, psychoanalytisches Verständnis dessen, was Sigmund Freud als »erogenen Masochismus« bezeichnete, und beschreibt die psychischen Verhältnisse, unter denen körperlicher Schmerz zur Bedingung für eine als befriedigend erlebte Abfuhr von Triebspannung wird.

PSYCHOANALYSE AUS LEIDENSCHAFT
BAND 5: Gesammelte Aufsätze und Artikel 1983–2001. Neu herausgegeben von der Judith Le Soldat-Stiftung. Mit einer Einleitung von Monika Gsell. *Broschur. ISBN 978 3 7728 2685 6.*   *In Vorbereitung*

»Le Soldats Bücher werden für die einen schwer nachvollziehbar sein, für andere könnten sie zu Kultbüchern werden.«   *Ralf Binswanger,*
Swiss Archives of Neurology, Psychiatry and Psychotherapy

frommann-holzboog
www.frommann-holzboog.de